SIMON STRAUSS
SIEBEN NÄCHTE

aufbau taschenbuch

SIMON STRAUSS, geboren 1988 in Berlin, studierte Altertumswissenschaften und Geschichte in Basel, Poitiers und Cambridge. Mitgründer des »Jungen Salons« in Berlin und der Gruppe »Arbeit an Europa«. 2017 promovierte er an der Humboldt-Universität zu Berlin. Er lebt in Frankfurt, ist Redakteur im Feuilleton der *Frankfurter Allgemeinen Zeitung*.

Ein junger Mann steht an der Schwelle. Die Prüfungen der Jugend hat er gemeistert. Vor dem Erwachsenenleben fürchtet er sich. Er ist bereit, alles aufzubringen, um sich Gewohnheit und Tristesse zu verwehren, der Ausweglosigkeit des Lebenslaufs zu entkommen. In einer Spätsommernacht besiegelt er einen Pakt mit einem entfernten Bekannten: An sieben Nächten um sieben Uhr wird er losgeschickt in die Nacht, auf dass er einer der sieben Todsünden begegne. Er muss gierig, hochmütig und faul sein, neiden und wüten, Völlerei und Wollust treiben. Er wird sich von einem Hochhaus stürzen, Unmengen Fleisch essen, zum absoluten Nichtstun verdammt und zu Polyamorie verführt. Und bis zum Morgen muss er schreiben, alles erzählen, ohne Zensur, ohne Beschönigung. Denn die sieben Todsünden sind vielleicht seine letzte Rettung.

»Sieben Nächte« ist eine wahre Geschichte, die doch erfunden wurde. Sie erzählt von Momenten, die über das Gelingen des Lebens entscheiden.

SIMON STRAUSS
SIEBEN NÄCHTE

‡

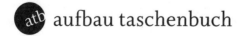 aufbau taschenbuch

MIX
Papier aus verantwor-
tungsvollen Quellen
FSC® C083411

ISBN 978-3-7466-3494-4

Aufbau Taschenbuch ist eine Marke der
Aufbau Verlag GmbH & Co. KG

1. Auflage 2018
© Aufbau Verlag GmbH & Co. KG, Berlin 2018
Die Originalausgabe erschien 2017 bei Blumenbar,
einer Marke der Aufbau Verlag GmbH & Co. KG
Umschlaggestaltung zero-media.net, München
unter Verwendung eines Bildes von © VikaValter / getty images
Druck und Binden CPI books GmbH, Leck, Germany
Printed in Germany

www.aufbau-verlag.de

*Für M und S
und für T*

Dandy, you know you're moving much too fast,
And Dandy, you know you can't escape the past.
Look around you and see the people settle down.

Oh Dandy, Dandy,
When you gonna give up?
Are you feeling old now?
You always will be free,
You need no sympathy,
A bachelor you will stay,
And Dandy, you're all right.

THE KINKS

Durch so viel Formen geschritten,
durch Ich und Wir und Du,
doch alles blieb erlitten
durch die ewige Frage: wozu?

Das ist eine Kinderfrage.
Dir wurde erst spät bewußt,
es gibt nur eines: ertrage
– ob Sinn, ob Sucht, ob Sage –
dein fernbestimmtes: Du mußt.

Ob Rosen, ob Schnee, ob Meere,
was alles erblühte, verblich,
es gibt nur zwei Dinge: die Leere
und das gezeichnete Ich.

GOTTFRIED BENN

VOR DEM ANFANG

‡

‡

DAS HIER SCHREIBE ICH AUS ANGST. Aus Angst vor dem fließenden Übergang. Davor, gar nicht gemerkt zu haben, erwachsen geworden zu sein. Ohne Initiation, ohne Reifeprüfung einfach durchgerutscht bis zur Dreißig. Alle Abschlüsse gemacht, alle Termine eingehalten, viel gelächelt, wenig geweint, ein bisschen geweint, aber vor allem gelächelt. Auf viele Züge aufgesprungen, kurz mitgefahren, dann wieder die Richtung gewechselt. Ich war schon weit weg, kenne mich aus in der Welt, habe mit vielen gesprochen, eine Menge Bilder gesehen, Stimmen gehört, stand hier und da auch im Wind, aber was mir wirklich etwas bedeutet, woran ich glaube, kann ich nicht sagen. Wohin ich will, schon: Immer weiter nach oben – die Leiter ist lang.

An Ehrgeiz hat es mir nie gefehlt, schon in der Schule stand ich vor Stundenbeginn an der Tür, um mir vom heraneilenden Lehrer mit einem kurzen Nicken bestätigen zu lassen, dass ich wieder die Bestnote bekommen würde. Später, in den Proseminaren an der

Uni, habe ich den Professoren aufgesagt, was sie hören wollten. Die Zufriedenheit, die sich auf ihre Gesichter legte, wenn ich an der richtigen Stelle den richtigen Ton traf, die gewünschte Theorie zitierte, habe ich geliebt. Für sie habe ich mein Herz verraten. Und mir am Abend beim Gläserspülen eingeredet, für Widerworte sei später immer noch Zeit. Und nach Rom würde ich fahren, wenn das Wetter schöner wird.

Ein Sympathiesüchtiger. Einer, der sich leichtfertig zu vielem bekennt, von dem er eigentlich zu wenig weiß. Der von Gegnerschaft träumt und im entscheidenden Moment doch lieber nichts sagt oder nur lustlos vermittelt. Wenn es laut wird, halte ich mir die Ohren zu, wenn mich ein böser Blick trifft, schaue ich zur Decke, zu den Rissen im Putz.

Und jetzt sitz ich hier, mitten in der Nacht, und höre dem Regen zu, wie er aufs Fensterbrett schlägt. Kein Licht brennt mehr in den Fenstern gegenüber, der *Tatort* ist gelaufen, das Lachstatar verdaut. Nur manchmal öffnet traumversunken ein nackter Mann den Kühlschrank und greift nach einer Flasche Milch. Dann fällt das weiße Licht auf seinen Oberschenkel. Ansonsten ist da nichts als Stille.

Und ich denke, ich hoffe, dass jetzt doch noch was kommt. Schnell, bevor es zu spät ist. Noch habe ich keinen Ruf zu verlieren. Gehört mir keine Kunstsammlung und kein Vorgarten. Kinder, die einmal aus dem Haus gehen könnten, gibt es noch nicht, und auch keinen frühen Ruhm, an den zu erinnern mutlos macht.

Aber bald, sehr bald, werde ich mich festlegen müssen. Auf ein Leben, eine Arbeit, eine Frau. Bald werden die Tage und Treffen vorübergehen, ohne dass sie etwas verändern. Werden die Momente ohne Wirkung bleiben und die Erschütterungen nachlassen. Ordnung wird herrschen und ich ein Untergebener meines Ehrgeizes sein.

Davor, später nur auf graue, gerade Linien zurückzuschauen, habe ich Angst. Dass mir die Gefühle abhandenkommen, sich Gewohnheit einstellt. Vor der trockenen Sicherheit, dem Kniefall vor der Konvention. Nie geschrien zu haben, immer nur kleinlaut geblieben zu sein, davor fürchte ich mich. Ich, der ich hier sitze, an meinem aufgeräumten Schreibtisch mit Kerze und Kuli, bereit fürs Diktat. Die Aufträge werden kommen, man wird mich fordern und befördern. Abschieben in ein Büro mit Terrassentür, die nur auf kipp zu stellen ist. Mein Inneres ist bedroht durch den farblosen Rahmen, der auf mich wartet. Er hängt schon rechts oben an der weißen Wand. Bereit, mich einzupassen, mein Leben stillzuhalten.

Ich, der ich von Anfang an dicht bei der warmen Heizung gesessen habe, immer schon satt gefüttert, mit allen Chancen versehen. Das Opernabo gleich bei der

Geburt abgeschlossen. Ich bin schon als Schwächling auf die Welt gekommen, und meine Privilegien haben mich nur noch weiter geschwächt. Was Gefahr heißt, habe ich nie gespürt. Nie geahnt, dass Wege auch nach unten, ins Abseits führen können. Ich bin gefangen in einer Blase aus Glück. Gekämpft habe ich für wenig. Tischtennisplatten in der Schulpause gab es immer genug. Und als ich achtzehn war, wurde der Wehrdienst abgeschafft.

Mit jedem erfolgreichen Test, jeder abgenickten Meinung bin ich lustloser geworden: »Das ist nicht falsch, kann man aber auch anders sehen.« Kompromisse schwächen den Händedruck. Wer zu oft den Fahrstuhl nimmt, findet nicht mehr den Weg zur Hintertreppe. Der bleibt in der Bequemlichkeit stecken, verliert die Sehnsucht, den Drang.

Nicht mehr zu wollen, als man hat, davor habe ich Angst. Den richtigen Zeitpunkt für den Absprung zu verpassen. Nachts über Baustellenzäune zu klettern und sich Sand in die Schuhe zu schieben, den Mantel mit Schlamm einzuschmieren, damit es nach Abenteuer und vollem Risiko aussieht, wenn jemand zu Besuch kommt, das reicht nicht. Ein zerrissener Jackenärmel und ein Knutschfleck am Hals machen noch keinen Helden. Für Kurzausflüge hinter die Komfortzone lohnt der Gesetzesbruch nicht. Das führt nicht ins Offene, sorgt nur dafür, dass alles so bleibt, wie es war.

Die Angst vor dem Scheitern ist bei mir nur ein Tick, ein Antrieb auch, um mich für Niederlagen zu wappnen, aber die Angst vor dem Kompromiss ist wirkliches Hemmnis. Bald werde ich nur noch Gespräche führen, die mit »Stress« beginnen und mit »viel zu tun« enden. In Mittagspausen sitzen, in denen von Auszeit und Aufstieg geträumt wird. Vor dem Einschlafen an Gehaltserhöhungen denken und mich fragen, ob noch genug Babybrei im Kühlschrank steht. Die Wolken werden über mich hinwegziehen, ohne dass ich den Blick auf sie richte, die Sterne fallen, und ich werde zu müde sein für einen Wunsch. Ich habe Angst vor Eheverträgen und stickiger Konferenzluft. Angst vor Gleittagen und dem ersten vorgetäuschten Lächeln. Angst vor dem Ende des freien Lebens, vor Festanstellung, Rentenversicherung, Spa-Wochenenden im Mai. Angst vor dem Lebenslauf, vielleicht.

Deshalb diese Nacht. Deshalb dieses Schreiben. Der einzige Kampf, der jetzt noch lohnt, ist der ums Gefühl. Die einzige Sehnsucht, die trägt, ist die nach dem schlagenden Herzen. Zu viel Gelände ist verloren gegangen an den Zynismus, der seine kalten Finger um alles legt. Der noch die letzte Kerze ausbläst, die letzte Fluchttür verriegelt, den letzten Vorhang herunterreißt. Er feiert Siege an allen Ecken und Enden und tupft uns Zurückgefallenen hämisch Nivea-Creme auf die entzündeten Wangen. Er macht uns glauben, mit seiner Hilfe ließe sich jeder Rückstand aufholen. Aber in Wirklichkeit höhlt er uns aus, dieser Zynismus, bohrt sich tief ins Innere und legt Stollen an, durch die er herausschleift, was dort unten an kostbaren Schätzen lagert.

Mit ihm an der Seite lachen wir leichtfertig über andere und merken erst zu spät, wie schwach wir selbst dadurch geworden sind. Wie viel Kraft wir verloren haben für Empfindung, Anteilnahme und Begeisterung. Viel hat auch damit zu tun, dass wir überheblich meinen, die reine Berechnung könne alles bewirken. In den staubigen Archiven der Vernunft haben wir zu oft vergeblich nach Antworten gesucht auf Fragen, die nur auf offenem Deck, unter freiem Himmel gelöst werden können. Dass es auch ein Versteck gibt, in dem ein Geheimnis wohnt, über das man staunen kann und sich nicht den Kopf zerbrechen muss, das kann nur bestreiten, wer rein als Logiker denkt. »Beweise ermüden die Wahrheit«, hat Georges Braque gesagt. Und Claudel: »Wer bewundert, hat recht!«

Das sind Sätze, die ich mir vorsage. Utopieformeln? Ja, vielleicht – aber fehlt euch denn wirklich nichts ohne sie? Ihr, die ihr Gespräche führt mit Händen in den Hosentaschen, mit Schulterzucken und Kaugummi im Mund, die ihr euch durch den doppelten Boden der Ironie absichert, alles auf Distanz haltet, nie ernst werdet, höchstens aufgeregt.

Sehnt ihr euch nicht manchmal auch nach wilderem Denken? Nach Ideen ohne feste Ordnung, Utopien ohne berechenbaren Sinn, nach Ecken und Kanten, an denen ihr euch stoßen könnt? Schämt ihr euch nicht, keine Antwort zu haben auf die Frage: »Was für eine Meinung vertrittst du, die nicht auch die Mehrheit teilt?« Dabei geht es nicht um Provokation, sondern Bewusstsein. Darum, zu begreifen, wo man steht und mit wem man den Standort teilt.

Ich will wieder den Wunsch nach Wirklichkeit spüren, nicht nur den nach Verwirklichung. Ich will Mut zum Zusammenhang, zur ganzen Erzählung. Die Sprengköpfe der Dekonstruktion haben wir lange genug bewundert, jetzt ist wieder Zeit für ein paar große Architekten. Für Neubauten ohne Einsturzgefahr.

Wo seid ihr, die ihr Lust am Planen und Träumen habt? Warum sitze ich hier immer noch allein und schaue ins Dunkel? Verliebt in die Einsamkeit, die ich mir vorspiele. Nachtgedanken im dritten Stock: Altbau, Stuckdecke, Stangenschloss – ein Rimowa-Gefühl für die Ewigkeit.

Hin und wieder stolpert unten einer aus der Eckkneipe und brüllt seinen Suff in die Nacht. Dann bellen die Hunde der Nachbarn unter mir. Sie wissen ja nichts von meinen Gedanken, diese Hunde, sonst würden sie sich zurückhalten und andächtig die Pfoten falten unter mir.

Ich habe Sehnsucht nach Gemeinschaft, weil es zum Einzelgänger nicht reicht. Weil ich der »großen inneren Einsamkeit«, von der Rilke in seinem Weihnachtsbrief an Kappus schwärmt, nicht gewachsen bin. Noch nicht. Die Welt, die ich in mir trage, lebt vom gesprochenen Wort, von Austausch und Augenaufschlag. Ich brauche das Gespräch, Gesichter, die leuchten. Freiheit und Freundschaft – die Worte haben doch denselben Stamm, gehören zusammen. Noch ist es nicht zu spät, das Virtuelle mit dem Handschlag, der Umarmung zu überlisten. Noch ist Zeit, gemeinsam zu streiten, eine Gruppe zu gründen mit dem Namen »Neue Sinnlichkeit«. Noch kann die Erinnerung Gegenwart werden.

Also kommt an meinen Tisch und legt die Hände hinter den Kopf – ich warte auf euch. Denn: Wer spricht sonst schon noch von Empfindung? Wer hat ein Gespür für den eigenen Herzschlag? Welche Mütter und Väter, welche Lehrer und Priester, Trainer und Therapeuten machen Mut zum Überwältigtsein? Geben Hoffnung auf eine andere, weitere Welt?

Ich träume von einer langen Treppe, die hinaufführt zu einem abgeschiedenen Raum. Eintritt haben nur diejenigen, die Fehler machen, Umwege gehen, Versuche wagen. In diesem Raum steht nichts als ein langer Tisch mit hölzernen Stühlen. An ihm sitzen verhinderte Einzelgänger, abseits der Allgemeinheit, nur in dieser Gruppe zu Hause. Es sind keine Freunde, keine Engvertrauten, ihre Stimmlagen sind nicht eingeübt. Allein ihre Jugend verbindet sie, Noch-nicht-dreißig ist das Kriterium und: ein Fragender zu sein, kein Besserwisser.

Hier zusammenzukommen heißt vor allem eines: Reibung spüren. Es ist ein Ort, an dem Blicke erwartungsvoll erwidert werden, nicht in müder Skepsis aneinander vorbeigehen. Wo die Lust am Naiven sich nicht einschüchtern lässt. Souverän ist, wer über die stärkste Phantasie verfügt, nicht über die schärfste Ratio. Ein Geheimclub für alle, die noch ans Geheimnis glauben.

Aber weil ich sie noch nicht gefunden habe, diese Treppe, nur von ihr träume (das aber oft!), bleibt mir nichts als die Angst. Die Angst, zu verlieren, was ich schon habe, und nicht zu bekommen, was ich noch will.

Sie gilt als die erste Göttergabe: *Primus in orbe deos fecit timor* – zuerst hat die Angst die Götter in die Welt gebracht (Statius). Denn Angst ist nicht nur die hässliche Kehrseite von Glück. Sie verfügt über wundersame Kräfte, stiftet Menschen dazu an, ihre Außenwelt durch Sprache, Mythos und Wissenschaft zu bändigen. In eine klare Form zu bringen. Ihr Ausdruck zu verleihen.

Sie kann machen, dass ich in einer Nacht wie dieser plötzlich vom Tisch aufstehe und auf den Balkon gehe, schüchtern erst, mit unsicherem Gang. Der Regen ist stärker geworden, die Äste der Kastanien knacken im

Wind. Oben auf dem Dach sitzen ein paar Krähen und schauen spöttisch auf sie herab: Keine Haltung, diese Äste, immer nur ein schwaches Fähnlein im Wind. Die Angst gibt mir Mut, lässt mich hervortreten ans Gittergeländer und rufen und brüllen und schwören mit ausgestreckten Fingern und starrer Hand: »Ich will nicht Niemand sein.«

Bevor der Moment des Übergangs kommt, die Zukunft mich für immer eingemeindet, will ich den festgelegten Ablauf noch einmal durchbrechen. Will mich mit aller Kraft an den Uhrzeiger hängen und versuchen, einmal selbst Anstifter zu sein. Ein einziges Mal will ich spüren, wie es ist, groß anzusetzen, aus dem Schatten hervorzutreten und von oben auf das Geschehen herabzusehen. Ich will. Und ich kann.

Denn ich habe ein Angebot bekommen. Einer, den ich kaum kannte, dem ich vor kurzem begegnet bin, hat mit mir einen Pakt geschlossen. Er wolle mich führen, hat er gesagt, dorthin, wohin es mich drängt. Ich weiß nicht, warum, aber ich erzählte ihm alles, sprach von meiner Verzweiflung, meinem Ungenügen. Und er hörte mir zu, unvermindert, ohne auf die Uhr zu schauen. Er blickte mich an, führte mich in Versuchung. Und am Ende, nachdem ich ganz aus mir heraus gesprochen hatte, sagte er mit einem Zucken um seinen Mund, er wisse genau, was mir fehle. Und er kenne den Weg dorthin.

Immer um sieben Uhr abends würde er sich melden und mich auf einen Streifzug schicken durch die Stadt. Immer würde ich einer Sünde begegnen, einer der sieben Todsünden. »Auf dass du eine findest, in der du dich wohl fühlst. Oder dich für immer von ihnen abkehrst«, hat er gesagt. Eine Nacht lang hätte ich Zeit, nach dem Sturm zu suchen, ihn selbst zu entfachen. Aber wenn der Morgen graute, müsste ich geschrieben haben. Bis sieben Uhr früh sieben Seiten, jedes Mal. Ich solle es mir überlegen. Eine Nacht lang gebe er mir Zeit.

Diese Nacht ist vorbei, hinter den Krähen geht die Sonne auf. Ich weiß nicht, was er von mir will, was er sich von alldem verspricht. Dieser Mann, er steht auf der anderen Seite, ist über dreißig, hat ein Leben und einen Lauf. Ich weiß nicht, ob ich ihm trauen kann. Aber ich habe keine Ausrede, keine Alternative. Ich werde eingehen auf seinen Vorschlag: Werde gierig, hochmütig und faul sein, neiden und wüten, Völlerei und Wollust treiben. Sieben Nachtschichten einlegen, um den Moment des Übergangs hinauszuzögern, um der drohenden Zukunft noch einmal zu entkommen.

Vielleicht kann ich mir mein Inneres auf Dauer nur bewahren, wenn ich es preisgebe. Für eine Nacht, für sieben Seiten. Der Angriff wird mich angreifbar machen, aber auch schützen vor zu viel Schutz. Weil mir die Gefahr sonst nirgends begegnet, muss ich sie mir selber suchen.

Ich werde also sündigen, sieben Mal. Sieben Mal schreiben in der Nacht, so wie jetzt. Mit jenem seltsam selbstbewussten Gefühl, das mich umgibt, in dieser menschenleeren Stille, dem spärlichen Licht. Kein Reifen quietscht, kein Telefon klingelt, keine Waschmaschine läuft. Das Ferne ist ganz nah. Fast greifbar. Jetzt könnte ich alles werden, alles sagen, so scheint es. Keine Wunde ist zu tief, als dass ich nicht noch tiefer bohren könnte. Kein Schmerz zu heftig, als dass er mir nicht doch irgendwie zum Schlüssel würde. Nur weiß ich nicht, ob das bei Nacht Gefühlte bei Tag noch Bestand haben wird...

Aber die Nacht ist gleichzeitig auch die Zeit der größten Furcht: Einsamkeit kriecht aus den Ecken hervor, schnürt mir die Seele zu und kaut die Fingernägel ab. Wirft mich auf mein Selbst zurück und lässt das Bewusstsein verschwinden. Habe ich mich eben noch groß und bedeutend gefühlt, bin ich jetzt kleiner als klein. Ein Nichts, ein Niemand. Einer, der sich an den Nasenhaaren zieht und sich ausmalt, wie die Freunde auf seiner Beerdigung schluchzen. Welche Musik gespielt wird, welche Fotografie im Hintergrund steht. In der Nacht ist der Mensch nicht gern alleine – nicht nur, weil dann die zweite Bettdecke kalt bleibt, sondern auch, weil so die bösen Geister nicht mehr losen müssen, wem sie zuerst ans Herz greifen.

Der Schreiber bei Nacht ist eine Kippfigur. Auf einer

Schulter sitzt die Angst zu versagen, auf der anderen der Mut, es mit allen aufnehmen zu können. Mal überschaut er seinen Besitz, betrachtet die Welt von oben, sieht, wie es bessergeht, glaubt an den ureigenen Gedanken, die Tat, den Sinn. Dann schaut er noch mal auf sich herab, und jetzt ist er nur noch ein winziges Teil, ein Rädchen, das seinen Antrieb äußeren Kräften verdankt. Er sieht einen jungen Mann mit ergrauten Schläfen, dem der Stift aus der Hand fällt.

Es gibt Chancen, die bieten sich nur in einem bestimmten Alter. Dann muss man entscheiden: Entweder – oder. Das alte Schicksalsspiel. Ich habe mich entschieden. Ich will es. Will erste Sätze schreiben. Ungeschützt schwärmen. Skizzen machen, Modelle bauen und Wünsche auflisten.

Das hier ist ein erster und letzter Atemzug. Ein Warmlaufen für den großen Auftritt kurz vor Schluss. Es sind Anstiftungen, aber zugleich auch Abschiedszeilen. Geschrieben in der Nacht, um in der Nacht gelesen zu werden. Am besten in sieben verschiedenen. In ihnen steckt Mut. Sehnsucht. Und Angst. Geht vorsichtig mit ihnen um. Dann könnten sie etwas bedeuten.

Der, der mich losgeschickt hat, wird vorerst sprachlos bleiben. Nur einmal wird er sich selbst zu Wort melden. Am Ende. Wenn alles vorbei ist.

Bis dahin: Kommt mit ans Fenster. Schließt die Augen. Und zerbrecht das Glas...

I
SUPERBIA

‡

‡

WIE MICH DIESE WELT BRAUCHT. Wie sehr sie mich nötig hat. Jetzt. Heute. Hier. Nicht morgen. Nicht irgendwann, sondern jetzt.

Ich trete den Bettlern ihre Becher weg, haue den Musikschülern ihre Wollmützen vom Kopf und spucke den Besoffenen vor dem Bierzelt in die Maßkrüge. Den dummen Kindern reiße ich die Luftballons aus den Händen und lasse sie steigen, weit fort in den glasklaren Nachthimmel. Sollen sie doch heulen, sollen sie schreien und spucken vor Wut. Mein Gang wird nur noch breiter, meine Brust geschwollen. Ich lache über all die erwischten Schwarzfahrer, von Rauch umhüllten Bratwurstverkäufer und verlorenen Stadtrundfahrer. All die radelnden Jungväter mit ihren Kindersitzen und Tragetaschen, die nur darauf warten, allen zu beweisen, wie gut und schnell sie wickeln können. Wie über die Maßen zufrieden sie mit ihrer neuen Rolle sind. Endlich kein Mann mehr sein müssen. Nur noch Papa. Ich lache über all die braven Rolltreppenfahrer, die immer ganz rechts stehen, um zu zeigen, wie umsichtig und sozial kompetent sie sind. Die das bestimmt alle gewissenhaft in ihren Bewerbungsunterlagen vermerken, als besonderes gesellschaftliches Engagement: »Auf der Rolltreppe (und nur da) stehe ich immer rechts.« Und ich lache über all die Jungen, die so alt sind wie ich. Die nur von Familienfesten erzählen, sich ihre Hände in den Jackentaschen warm halten und doch nie zuschlagen würden, die schon Angst vor zu engen Boxershorts haben und nie wie Serge Gainsbourg sein wollten. Ich lache über sie alle. Lange und laut. Denn ich bin gesprungen. Hundertfünfzig Meter tief. An einer aalglatten Hochhausfassade entlang. Ohne Schirm, ohne Netz. Und ich habe nicht geschrien. Nicht einmal geröchelt. Ich habe die Augen weit offen gelassen und fest in die Tiefe geschaut, als sie mich über die Kante schubsten. Bei strahlendem Vollmond. Habe gefühlt, wie es ist, zu fallen. Ins Nichts zu stürzen, keinen Griff mehr zu haben, keinen Boden, keine helfende Hand. Wie es sein muss, wenn man wirklich springt. Wenn alles zu Ende ist, die Verzweiflung gesiegt hat. Alle Stuhlkreise, Aufputschmittel und Chatrooms versagt haben, die letzte SMS geschrieben ist. Beim Fallen hat mir der Wind scharf ins Gesicht geschnitten, hat mir den Blick und das Bewusstsein geraubt.

Aber ich bin gelandet. Sicher und heil. Gezittert habe ich trotzdem. Und die Urkunde gleich weggeworfen: *Offiziell anerkannter Schwerkraftbesieger.* Was für eine

Entmystifizierung. Dem Tod habe ich ins Auge gesehen. Nichts weniger. Seine Pupille war weiß, wie die eines Haifischs, der seine Augen kurz vor dem tödlichen Biss nach hinten in den Schädel rollt, um sie vor Verletzungen zu schützen. Weiß und leer hat er mich angestarrt, hat nicht geblinzelt, als wäre er ein Meister im alten Kinderspiel. Kurz hat er mir zugeflüstert: »Jetzt nicht, aber bald.« Mit diesem Satz im Ohr bin ich gelandet. Habe die Hände auf die spitzen Schultern des Auffang-Mädchens gelegt und mich ausklinken lassen. Und dann bin ich gelaufen, schnell und ohne mich umzuschauen. Bin in die Nacht hineingerannt. Lachend und voller Spott. Denn: Der Hochmut kommt nach dem Fall.

An einer Straßenkreuzung sind ein paar Podeste der Verkehrspolizei stehengeblieben. Mit ihrer rot-weiß reflektierenden Lackierung stehen sie da wie letzte Zeugen einer Zeit, in der Autorität noch eine Frage der Form war. Nicht nur wegen der Sichtbarkeit trugen die Verkehrspolizisten früher weiße Handschuhe und einen weißen Tuchrock, hatten sie, die im Volksmund auch »weiße Mäuse« genannt wurden, Winkerkellen oder Verkehrsstäbe in der Hand. Das waren Ehrinsignien, viel mehr als funktionelle Ausrüstung.

Ich steige auf eines der angeketteten Podeste und lasse den Blick schweifen. Die Lichter der Autoscheinwerfer flackern durch die Nacht. Wenn die Ampel auf

Rot geht, sammeln sich ein paar Fahrzeuge und warten mit laufendem Motor nebeneinander wie eine schnaufende Herde. Vor so einer Ampel herrscht ein seltsames Gefühl der Vertrautheit, für ein paar Augenblicke bildet sich hier eine Schicksalsgemeinschaft, ordnen sich einander völlig Fremde in eine Reihe ein. Dann, wie auf Kommando, stoßen sie gemeinsam vor, verharren noch kurz im Glied, bevor einer sich löst und sich die Gruppe für immer verliert.

Meine Rechte hebt sich zur Stirn, macht die Feldherren-Geste: »Einmal wird das alles dir gehören, mein Sohn.« Nein, falscher Ton, falsche Stimmung. Lass den Vater heute beiseite und beginn gleich mit dem Sohn. Denn der hat noch den Schaum vor dem Mund, von dem du so träumst.

Klar ist, dass ich es besser könnte. Ich könnte zum Beispiel besser reden als sie. Nicht einfach besser formulieren, das können viele, nein, ich könnte den Sätzen Schwung geben, sie scharfmachen, so dass sie einschlagen und haftenbleiben. Ich könnte die Worte so aneinanderreihen, dass kein »äh« oder »sozusagen« dazwischenpasst. Mir würde man zuhören, bis zum letzten Halbsatz. Ich würde so reden, wie andere die Neunte von Bruckner dirigieren oder im Fußballstadion den Torschützen ankündigen. Sprache macht Wirklichkeit, das muss man doch niemandem erklären. Was wir brauchen, sind wieder mehr Ausrufezeichen – sonst reden wir am Ende nur noch mit uns selbst. Die Angst vor der Floskel und dem Klischee verschließt uns die Lippen. Und die Furcht vor dem unfertigen Ausdruck macht uns die Herzen kaputt. Vor lauter Sorgfalt, auch ja die richtige Anrede zu wählen, eine »gerechte« und »leichte« Sprache zu sprechen, merken wir nicht, dass wir dem Eigentlichen ausweichen. Wenn vor wenigen Jahrzehnten noch mit dem Verweis auf die »Klassenverhältnisse« jeder Disput gewonnen werden konnte, reicht mittlerweile die »Geschlechterfrage«, um alle auf seine Seite zu bringen. Überall identifizieren wir uns mit den Diskriminierten, fühlen uns aus Solidarität selbst diskriminiert und warten auf Wiedergutmachung durch ein Gesetz. Aber eine Gesellschaft, in der sich niemand mehr zum Ganzen bekennt, ist auf Dauer nicht überlebensfähig. Die liefert sich den Spaltungsversuchen der Ideologen und Ironiker aus. Zu viel Passivität und Rückzug bestimmen unser Leben. Dagegen muss man etwas unternehmen.

Wenn ich erst einmal an der Macht bin, werde ich Plätze bauen, auf denen Menschen stehen und miteinander reden. Plätze, die einem Mut machen, nicht den Hals zuschnüren. Mit Springbrunnen und glühenden Lampions, Notunterkünften und Speakers' Corners. Orte, die nicht vereinnahmt werden von irgendwem, sondern offen bleiben, beweglich, in Angriffsposition. Ich werde dort Weintrauben und Rosmarin wachsen lassen und kleine Wasserkübel im Boden installieren, in denen man im Sommer sein Bier kalt stellen und im Winter seine Füße wärmen kann. Und es wird genug Steinbänke geben, denn nichts ist schlimmer als ein Platz ohne Bänke. Trotzdem wird es kein Ort der bloßen Erholung sein, sondern einer, an dem man gefordert ist, sich äußern, Stellung beziehen muss. Er wird ein Paradies sein für all jene, die Vertrauen haben, von Angesicht zu Angesicht miteinander umzugehen. Die wieder Gesichter wollen, echte Fragen und glaubhaftes Zuhören.

Diktatorisch werde ich die Wohnhäuser so besetzen, dass keiner es sich auf Dauer in seiner Doppelmoral bequem machen kann. Alle Bewohner werden einander fremd sein. Ich werde dafür sorgen, dass keiner tagsüber wohlfeile Sprüche machen kann, im sicheren Wissen darum, am Abend wieder in seine Vorstadtvilla zurückkehren zu können. Zwangsumsiedlung, Großfamilientrennung, Schlägereien bei der Mieterversammlung – meinetwegen, wenn dadurch das Fremde nur wirklich von jedem am eigenen Leib erfahren wird.

Ich werde durchsetzen, dass vor jeder Ausschusssitzung, jeder Bankeröffnung oder Redaktionskonferenz verpflichtend ein Gedicht vorgelesen werden muss. Kein Gebet, keine Nationalhymne – ein Gedicht, egal aus welchem Land, in welcher Sprache, nur Lyrik müsste es sein. Das würde sehr helfen. Zum Beispiel dabei, den Geist einzustimmen auf größere Fragen, weitere Horizonte. Ein Leben ohne Kaffeepausen und streikende Flugkapitäne. Ein Gedicht zwischendurch könnte vieles ändern.

Ich werde Tiere als Ordnungshüter einsetzen. Bei Demonstrationen und Ausschreitungen, in 1.-Mai-Nächten und bei Hausdurchsuchungen. Vorzugsweise Pandabären und Zebras, aber manchmal, wenn es ganz hitzig und gefährlich wird, auch Riesenschildkröten und Dromedare. Allein die Anwesenheit exotischer Tiere würde noch den größten Chaoten zur Ordnung rufen, ihre geheimnisvolle Aura ihn einschüchtern. Wirkungsvoller als jeder Wasserwerfer. Vor Tieren schämen sich die Menschen mehr als vor ihresgleichen. Sie haben sogar Scheu, vor den Augen ihrer Hunde an einen Baum zu pinkeln. Die Polizei würde unter meiner Führung mit dem Zoologischen Garten zusammenarbeiten. Und Gefängniszellen ins Giraffengehege verlegt.

Ich werde Akademien gründen, an denen Gefühle erforscht werden, nicht Theorien. Wo das Herz nicht auf dem Mensatablett liegenbleibt, sondern man sich brüsten kann mit dem Wissen um den alten Geheimweg, der die Vernunft mit der Empfindung verbindet. Dieses eine Mal dürfte das Gefühl sich behaupten, müsste nicht, von allen Rationalisten belächelt, gedemütigt zum Nachhilfeunterricht schleichen, nur weil es wieder nicht verstanden hat, was die großen Theoretiker über die Liebe geschrieben haben. Es würde eine Akademie sein, an der Sinnlichkeit großgeschrieben wird, wo man in den Übungen Rotwein trinken und als Abschlussarbeit Manifeste schreiben darf. Ein Ort, an dem man lernt, Feuer zu machen, nicht nur die Löschdecke zusammenzufalten.

Darüber hinaus und zuallererst aber werde ich manches verbieten. Rigoros und ohne Gnade: Rentnerreisegruppen zum Beispiel, die rücksichtslos über alles hinwegwalzen, was sich ihnen in den Weg stellt. Die einem mit ihren Gehhilfen und zerknautschten Gesichtern jede noch so strahlende Aussicht nehmen, jedes noch so eindrucksvolle Gemälde zerstören. Ebenso abzuschaffen wären: Rollkoffer, die nachts um halb vier über die Straße gezogen werden, Kettenraucher am frühen Morgen, Autoalarmanlagen, die länger als drei Sekunden schrillen, kryptische Angaben zur veränderten Wagenreihung auf der DB-Anzeigetafel, aufmunternde Melodien in der Warteschleife bei Telekommunikationsdienstleistern, Restaurants, die keine EC-Karten akzeptieren, Sparglühbirnen, veränderte Öffnungszeiten, der Classic-Bell-Klingelton. Und noch viel mehr – etwa: die Wucherpreise für Rasierklingen, Druckerpatronen und den Pink-Grapefruit-Saft in der Bio Company. Oktoberfest-Nachahmungen mit Partyzelt-Klassikern. Genauso wie Mundgeruch am Frühstücksbuffet, Epilieren im Saunabereich und Kaffeeflecken auf der Tageszeitung. Es gäbe so viel zu tun. Die Welt braucht mich so dringend. Ich müsste nur an die Macht kommen.

Der nächtliche Verkehr ist weniger geworden. Etwa alle fünf Minuten rollt jetzt noch ein Wagen heran und stört das Dunkel. Neben meinem Podest haben sich einige Spatzen niedergelassen. Während meiner Rede haben sie ihre Köpfe zusammengesteckt und sich gegenseitig ins Gefieder gepickt. Wahrscheinlich diskutieren sie jetzt hitzig mein Programm. Vor allem natürlich die Frage, welche Rolle sie beim animalischen Sicherheitsdienst übernehmen werden. Ich steige vom Podest und rufe ein Taxi. Lasse die Spatzen zurück und hoffe auf weite Verbreitung meiner Ideen.

Auf dem Heimweg mache ich Station im Nachtcafé, wie immer gut beheizt. Empfange Nachrichten. »Keine Zeit«, schreibe ich zurück. »Viel zu tun.« Draußen eilen die Lebensziele vorbei. Ein Pionier zu sein, das wäre was. Wem, wenn nicht mir, müsste doch etwas gelingen, das Schneisen schlägt in diese Welt. Ein Gedanke, eine Rede, ein Aufruf. Jetzt, noch im Windschatten der Jugend. Bevor es wirklich ernst wird. Man müsste nur die Angst überwinden, pathetisch zu klingen.

Maximen könnten auf den Tisch geschleudert, Banner entrollt werden: Risk, risk anything! Und eine Gewerkschaft für ästhetische Ziele müsste auch gegründet werden. Heute bin ich nur angeleint von einem Hochhaus gesprungen. Das reicht noch nicht.

Ich schleiche nach Hause. Wieder ein Tag ohne Tat. Und wieder nur Träume von Verschwörung, Geheimbund und Heldentum. In Schillers *Fiesco* wird gewarnt, dass »unsere besten Keime zu Großem und Gutem unter dem Druck des bürgerlichen Lebens begraben sind«. In Bruckners *Krankheit der Jugend* sagt Desiree: »Entweder man verbürgerlicht oder man begeht Selbstmord.«

Auf der Straße sehe ich die Generationen ineinanderlaufen, höre ihr Gequengel und trauriges Allerlei. Zu Willkommen und Abschied tauschen sie flüchtige Wangenküsse, als sei nichts weiter, als sei mit Mitte zwanzig schon alles vorbei. Dabei ist es doch gerade jetzt höchste Zeit, »so geht es nicht weiter« zu rufen. Damit in die glasig-blassen Augen der Gegner die alte, feurige (nicht die neue, dumpfe) Wut zurückkehrt. Ich könnte ein Anstifter sein. Könnte vorn auf der Tribüne stehen und die richtigen Reden halten.

Jeden Abend, wenn ich die dunklen Straßen entlanglaufe, probe ich jetzt meinen Auftritt auf dem ausgesonderten Podest. Erst lasse ich die Leute warten. Wartenlassen ist das Wichtigste. Und dann, wenn zirka eine halbe Stunde vergangen ist, wenn die Stimmung gerade zu kippen droht, hetze ich nach vorne, ohne Manuskript, mit halboffenem Hemd, bereit, alles zu geben.

I have a dream. Unten im Publikum sehe ich erhitzte Gesichter. Gebannt folgen sie mir, Applaus brandet auf. Noch einmal drehe ich mich zur Seite, hole mir Schwung und Atem. Dann stelle ich mich der Menge. Hebe die linke Hand. Ein kurzes Raunen, dann ist es still.

Diese Welt braucht mich. Ich bin bereit. Ich bin gesprungen. Ich habe alles geprobt.

II
GULA

‡

†

NEUES SPIEL, NEUES GLÜCK.
Der Wind wird jetzt stärker. Zerfetzte Plastiktüten klatschen gegen die Litfaßsäule, Tischdecken flattern, die Bierbänke des Restaurants ächzen und wackeln, aus den Gullydeckeln schwappt das Abwasser.

Die anderen fahren vorbei und schicken Hass. Von ihren blitzblanken Klapprädern, aus ihren Mietautos mit offenem Verdeck, hinter ihren buntbedruckten Kinderwagen schießen sie ihn hervor: Hass. Verachtung. Bitterkeit. Ein Mann im Rollstuhl, ohne Beine, drückt aufs Handpedal. Ein Blusenkleid, kurz, mit grünen Streifen, weicht aus, nimmt die Ampel. Schnell weg.

Frauen mit Kopftuch, das weiße Gesicht fein säuberlich ausgeschnitten, sitzen in einem alten Ford und rauchen Zigarre. Kleinkinder mit Schutzhelmen quietschen und schludern vorbei. Passanten tragen Mundschutz, weil sie Bakterien fürchten. Und alle, sie alle schauen mir nicht ins Gesicht. Lassen die Augen nicht schweifen, zwinkern mir nicht zu.

Kaum dass ich sitze, tischt der Kellner auf: Trüffelsalami, Rindertatar und Carpaccio vom John Stone Filet auf isländischen Flusssteinen, 250 Gramm Pommersches Eastcoast Entrecôte (Delta Dry Aged) an Pfifferlingen und Letscho, 300 Gramm Freesisches Westcoast Roastbeef auf Topinambursalat und Schmorgurken. Dazu eine Flasche Mano Negra von Philipp Kuhn, zwei Gläser Saint-Émilion und zum Tagesdessert einen klaren Marillenbrand. Wie wäre es, wenn Lust, Begierde und Überfluss unser Leben bestimmten? Nicht nur Bedrückung, Vorsicht und Anti-Reflux-Tabletten.

Um den letztes Jahr errungenen Stern lässig herunterzuspielen, hat der Besitzer Bierbänke aufstellen lassen, auf denen sich seine statusbewussten Gäste näherkommen sollen. Dummer Gedanke: Denn unsinnlicher als auf Bierbänken kann man nirgends sitzen. Ohne Lehne, über die man seinen Arm legen, ohne Stuhlbeine, die man entrüstet zurückschieben könnte im Streit. Für immer gefangen im Kollektiv: Wenn die eine Seite aufsteht, kippt die andere weg. Purzelt auf den Boden und bricht sich die Knochen. Ich sitze hier allerdings allein, muss die Mitte halten, bin selbst für das Gleichgewicht verantwortlich.

Hinter mir steht auf einmal ein Mädchen. Dünn und zierlich, große Sonnenbrille. »Nur ein stilles Wasser, bitte!«, ruft sie. Ihr Blick ist eingeübt, ihr Lächeln gekonnt. Nach achtzehn Uhr keine Kohlenhydrate mehr, erklärt sie, erst recht kein Bier oder Wein. Averna schon gar nicht, dieses klebrige Überbleibsel altdeutscher Italiensehnsucht. Ihre Mutter kommt aus Nordspanien, Schauspiel hat sie in der Schule gelernt, und jetzt schreibt sie Romane. Vor zwei Jahren den ersten. Seitdem plagt sie eine Sehnenscheidenentzündung. Und doch versucht sie es jeden Morgen aufs Neue. Mit Zahnpastageschmack im Mund sitzt sie am Küchentisch und spitzt ihre Bleistifte.

»Schreibst du an etwas Großem?«, wird der Schriftsteller Schalimow in Gorkis *Sommergästen* gefragt. Frage auch ich. Nein, die Zeit sei zu knapp, in Kopenhagen habe sie gerade eine Performance in einer alten Polizeistation gemacht. Da habe sie mit und zwischen den Zuschauern geschlafen. Der reine Wahnsinn. Endlich frei. Ein stetiger Redefluss aus hübschem Mund.

Vor einiger Zeit war sie mit einem jungen Schnulzensänger zusammen, der jetzt im Weltraum schwebt. Gutbesuchte Konzerte gab in alten Uckermärker Scheunen. Sie hat ihn überallhin begleitet, ihm beim Kotzen geholfen und ist mit ihm dahin gegangen, wo Kinder und Alkis gemeinsam Schafe zählen. Aber gehalten hat es nicht. Friedlich auseinandergegangen – als ob das besser wäre.

Die Stadt sei groß, nie mehr hätte sie ihn gesehen seit jenem letzten Mal, als sie im Kofferraum eines Großraumwagens Scharade gespielt und von Tigerblut geträumt hatten, das durch die Ritzen floss.

Jetzt schwärmt sie von Netflix und Lichtnahrung. Dieser Form völliger Enthaltung, die die katholische Nonne Therese Neumann zu Beginn des 20. Jahrhunderts lange praktiziert haben soll. Angeblich bilden sich Nektardrüsen am Gaumen, die den Körper versorgen. »Wenn Licht die Nahrung für die Liebe ist, strahlt weiter!« Oder so ähnlich.

Verrückt, wie hell die Blitze aufleuchten, selbst in der Stadt. Wenn Wind aufzieht, erste Regentropfen fallen, ändern die Leute ihre Gangart. Laufen auf einmal schneller, gebückter, verdrossener. Die Hand verkrampft um die Bierflasche. Jedes Deutschen Glückes Unterpfand. Mit einem Glas Wein kann man eben nicht so gut in den Feierabend rennen, es schwappt über, und der Traubensaft rinnt die Finger runter wie warme Sonnenmilch.

Der Blaufränkische Zweigelt sei unschlagbar, sagt Oli, der Kellner mit Glitzerohrring und Undercut. Nach der Schule hat er Fernsehtechniker gelernt, aber dann, als MediaMarkt und Saturn aufmachten, die Preise kullerten und die Geizigen Anlauf nahmen, hat er umgesattelt. Kellerwirtschaft, Önologie. Olis cowboyblaue Augen haben jedes Barriquefass in Europa von innen gesehen, er kann zum Beispiel große Reden auf Franz Keller halten. Sein Riesling schmecke im

Abgang cremig wie Werther's Echte, sagt er, aber natürlich auch herb wie Stachelbeere. Olis Weinprosa ist ausgefeilt. Nur manchmal geht die Metaphernlust mit ihm durch. Dann entschuldigt er sich: »Das habe ich jetzt etwas ungünstig ausgedrückt.« Wenn Oli »Sommelier« sagt, klingt es im ersten Moment wie »Zombie«. Am Wochenende macht er Weinverkostungen in Großraumdiscos. Warum soll denn immer nur die Elite schnüffeln und spucken? Pong geht auch mit Weingläsern, und natürlich passt auch ein Chardonnay zum Steak. »Wer Benimm an der Weinfarbe misst, soll zum Augenarzt«, sagt Oli. Und, dass mit Mitte vierzig eh alles vorbei sei.

Von der anderen Straßenseite kommt ein Bettler an meinen Tisch. Stolz, ohne Demut. Wünscht guten Abend mit einer Stimme weich wie Bühnenschnee, aber bricht sofort ab, als ich reflexhaft den eingeübten Wink tue. »Entschuldigung, kein Kleingeld dabei.« Ohne überhaupt nachzuschauen. Der Bettler beschämt mich zur Strafe mit Liebenswürdigkeit: »Dann wünsche ich Ihnen noch einen wunderschönen Abend.« Mein Bruder sagt immer: Gib ihnen nichts! Aber meine Schwester, die klug ist und schöne Sinne hat, gibt reichlich. Jedem Supermarktwächter und S-Bahn-Musiker, selbst wenn der nur mit einem Verstärker durch das Abteil rennt.

Mein Herz krampft, als der Bettler den Kopf senkt

und sich zum nächsten Tisch wendet, Verachtung im Blick, aber den angewinkelten Arm straff hinter den Rücken gezogen, zum Diener bereit und alle Missachtung geduldig hinnehmend. Dabei könnte er einfach losbrüllen, so lange und laut, bis alle ihm zuhören, bis sie ihn an ihre Tische holen, mit ihrem Dry Aged Beef füttern und seine spröden Lippen mit 2009er Bordeaux befeuchten.

Das Freesische Rind – drei Wochen trockengereift am Fleischerhaken bei zwei Grad Celsius – ist am besten. Oli kann wunderbar von irischen Salzwiesen an der Atlantikküste schwärmen, von mineraliengesättigtem Gras und dem besonderen Geschmack, den das Fleisch dadurch bekommt. Genauso wie von einem vakuumierten Lamm, das vier Monate im Kühlraum hing und dann so zart war, dass man es mit der Zunge durchlöchern konnte. Dass Fleischessen nur Männersache sei, hält er für einen schlimmen Chauvinismus. Handarbeit und Ballett machten ja auch nicht nur Frauen.

»Nesten« wolle er bald, sagt ein junger Silberstreifenanzug zu seinem Begleiter im Vorübergehen. »Nesten« mit seinem Freund und seiner Kaffeemaschine. Tai Chi, Fischgrätenparkett und ein *Zeit*-Abo. »Nesten«: Hätte Gramsci so etwas vielleicht gesagt? Oder Hemingway? Oder irgendein anderer Fleischfresser? Nein, »nesten« würde keiner sagen, der Fleisch gern hat. Das ist ein Wort für Klappradfahrer, Langbartträger und Mopsbesitzer. Fleischessen ist böse geworden. Wer darauf verzichtet, rettet die Welt. Wer es verachtet, der isst auf der richtigen Seite. Wer es aber salzt und pfeffert, der gilt als unverbesserlicher Reaktionär. Als Christian-Thielemann-Wiedergänger mit Einstecktuchgarnitur in der Bettschublade. Wer Filetstücke liebt, fleischige, sehnige, fettdurchzogene Stücke vom besten europäischen Rind, das am Atlantik gemästet wird mit geräuchertem Heu und warmem Bier, neigt sicher auch zum Herrenwitz und zur bedruckten Unterhose.

Auf das Vordach prasselt der Regen. Von der Sonne fehlt seit Stunden jede Spur. Von irgendwoher wehen Fetzen von Beethovens *Eroica* durch den brausenden Wind.

Die anderen Gäste sind längst nach drinnen geflüchtet, aber ich bleibe hier sitzen und esse mein Fleisch. Ich esse mit trotziger Genugtuung, um der Welt zu zeigen, dass ich sehnsüchtig bin. Das Hemd habe ich mir extra weit aufgeknöpft und die Serviette auf den Boden fallen lassen, damit ein paar Fettspritzer auf meiner Hose landen.

Ich esse Fleisch, damit ich werde, was ich noch nicht bin. Jemand, der nicht das nachmacht, was andere ihm vormachen, der selbst seinen Ton findet. Der eigene Überzeugungen hat, sie gegen andere verteidigt, sich traut, den Mund aufzumachen, auch wenn er in der Minderheit ist. Und der manchmal bis zum frühen

Morgen wach bleibt, am Tisch sitzt bei offenem Fenster, bis die Vögel anfangen zu singen. Einer, der Stühle umwirft und gegen Wände läuft, wenn er wütend wird, der abenteuerlustig, forsch und ehrlich ist. Aber weil ich das alles nicht bin, vor allem nicht ehrlich, esse ich Fleisch.

Denn in Wahrheit bin ich einer, der Klingelstreiche bei laufendem Motor macht. Der an die Fahrauskunft auf dem Bahnsteig tippt und fortläuft. Einer, der den Winter liebt und sich vor dem Sommer fürchtet, weil dann die Sonne scheint und er auf die Straße muss. Ich bin einer, der abends die Socken auf den Küchentisch legt, um morgens Zeit zu sparen für den Weg ins Büro. Der seinen Roller hinten und vorne anschließt, Ohropax mit auf Popkonzerte nimmt. Der morgens eine kleine Runde joggt, nur um beim Frühstück damit vor sich selbst anzugeben. So einer bin ich.

Jemand, der nur so tut, als ob er kämpfen würde, wenn es drauf ankäme, und schon beim ersten fernen Kanonengrollen davonläuft. Der die freie Liebe nur in der Theorie gutheißt und bei jeder bevorstehenden Trennung zurück ins Bett seiner Mutter kriecht. Der wimmert, wenn er nicht einschlafen kann oder den Zug verpasst. Oder das Schreibprogramm seinen Text nicht gespeichert hat.

Einer, der viel über Gefühl redet, über besseren Sex und phantasievolle Gegenwelten. Aber danach doch drei Pornos am Tag guckt und es nicht einmal schafft, den BH seiner Freundin mit der linken Hand aufzumachen. Der das Fenster schon beim kleinsten Windstoß verriegelt und dem der Kopf spätestens um halb eins auf die Tischplatte fällt. Der nur zum Schein betet, ohne wirklich zu glauben.

Einer, der große Feste feiert, nur um wieder einmal im Mittelpunkt zu stehen, um Reden halten zu können, zu denen man ihm hinterher gratuliert. Der die Lyrikbände auf dem Tisch zurechtlegt, bevor die Freunde zum Abendessen kommen. Der es genießt, großzügig zu sein und dafür bewundert zu werden. Der sich stärkt am Elend anderer, die er tröstet, nur um selbst als Retter dazustehen.

Ich bin einer, der selbst in der ätzendsten Selbstkritik selbstgefällig bleibt, selbstverliebt, selbstgenügsam. Ich gefalle mir sehr in der Rolle des Gegeißelten, der mit sich abrechnet, ohne sich je wirklich zu befragen, vor allem: wirklich etwas zu verändern. Viele große Worte führe ich im Mund, spreche von Revolution, Freiheit, Leidenschaft und Streit. Aber immer halte ich Distanz und fasse die Begriffe nur mit spitzen Fingern an, so, dass ich sie fallen lassen kann, wenn sie zu heiß werden.

Ich fahre heimlich auf dem Trittbrett des Geschehens. Ohne Wagnis, ohne eigenen Antrieb. Ich lasse mich gerne mitnehmen, bin überall dabei, aber nie der Erste, nie federführend. Ich komme an, wenn alles schon getan ist, alles verstanden und entschieden wurde. Mal um Mal senke ich den Kopf, nehme es hin. Wie der Bettler, der aus den noblen Restaurants auf die Straße geschickt wird. Keinen Angriff, keinen Sturm auf die Bastille werde ich je anführen.

Und deshalb esse ich Fleisch. Um all das zu vergessen und um zu träumen, dass es auch anders sein könnte. Dass doch eine Aussicht auf Glück bestünde, ein Moment der Stärke und Entschiedenheit möglich wäre. Ich esse Fleisch, um mir und meiner Zeit zu widersprechen. Jeder Biss in die rohe Faser ist ein Biss zurück zur Natur. Zum Mythos, dessen Erzählung spannender ist als die der Psychologie. Heute, hier, in diesem Restaurant, bei Blitz und Donner, bei dieser Völlerei schlägt meine Stunde.

Ich esse Fleisch. »Fleisch von meinem Fleisch.« Als Gott den Menschen vom Alleinsein befreite, nahm er ihm eine Rippe und schuf aus ihr ein Gegenüber. Eine Gefährtin aus »seinem Fleisch«. Um dieses Fleisch wiederzufinden, wird der Mann später Vater und Mutter verlassen. Wird sich abkehren von seinem Haus, seiner Jugend, all dem, was ihm Heimat und Schutz bot. Er wird umherirren und suchen, bis er es wiederfindet – sein verlorenes Stück Fleisch. Und dann wird er reifen, wird sich aufrichten, schämen und einen Mantel über den nackten Körper ziehen. Er wird »an seinem Weibe hangen, und sie werden sein ein Fleisch«. Das Alte neu zusammengesetzt. Bis auf weiteres wieder vereint. Dieser Tag rückt näher. Ich muss für ihn üben – durch meine Reifeprüfung darf ich nicht fallen. Deshalb sitze ich hier und esse Fleisch. Und bin für diesen Augenblick ein anderer, mutigerer Mensch.

Ein Mann, vielleicht.

III
ACEDIA

‡

‡

HEUTE BLEIBE ICH ZU HAUSE.
Immer wenn ich allein bin, stelle ich mir vor, wie es wäre, wenn mir jemand beim Alleinsein zuschaut. Wenn ich zum Beispiel morgens aus dem Bett krieche – das Gesicht noch verklebt von Schlaf – und unter die kalte Dusche gehe, zehn Sekunden lang, dann stelle ich mir vor, dass das jetzt gerade die erste Szene eines Films ist. Die Eröffnungssequenz vielleicht, bei der im Hintergrund irgendein Song läuft und das eigentliche Geschehen noch nicht so wichtig ist. Jedenfalls nicht so wichtig, dass man nicht im Vordergrund schnell die Namen der Mitwirkenden einblenden könnte. Ich stelle mir vor, wie da Hunderte Menschen in einem Kinosaal sitzen – das trockene Popcorn auf den Knien, die verschwitzten Handflächen verlegen ineinandergesteckt. Sie sehen, wie ich mein Sportprogramm mache, keuchend und ohne Disziplin. Von zehn Wiederholungen schenke ich mir jedes Mal mindestens drei. Weil entweder Anfang oder Ende der Woche oder sogar Wochenende ist, draußen die Sonne scheint, Gre-

ta Garbo Geburtstag hat oder ich gestern Abend doch keine gebackene Banane bestellt habe. Obwohl ich nichts lieber gegessen hätte als das: eine zart goldbraun angebratene Banane, noch ofenwarm und mit Honigtropfen betupft, daneben schmilzt sanft eine Kugel Bourbonvanilleeis.

Im Grunde verachte ich Morgengymnastik, das ganze Prinzip der Selbstbestrafung, der grundlosen Gliederverzerrung ohne Not. Ich fühle mich danach nicht besser gerüstet für den Tag, der sowieso seinen eigenwilligen Verlauf nehmen wird, ganz egal, ob ich ein paar ungelenke Trockenübungen gemacht habe oder nicht. Und doch wiederhole ich sie jeden Tag, immer aufs Neue, weil ich mir dabei vorstelle, es wäre der Anfang einer langen Geschichte: Sie beginnt damit, dass ein junger Mann am Boden liegt, laut atmet, während sich um den V-Ausschnitt seines weißen T-Shirts ein kleiner Schweißrand bildet. Den er dann wenig später stolz im Spiegel betrachtet. Viril. Der Hals hat einen Leberfleck an der linken Seite, markante Gesichtszüge, schöner Lippenschwung. So könnte es losgehen. Und dann: Frischer Orangensaft, Kursgewinne, Sonnenstrahlen auf der frisch gebügelten Krawatte. Eine Video-Nachricht an die Freundin in Tokio, die Fahrradtasche über den Rücken, beatboxend ins Treppenhaus, das Rennrad aus dem Keller und rein ins Vergnügen.

So könnte es gehen. Könnte. Stattdessen: Regentropfenstakkato auf dem verrosteten Fensterbrett. Keine Milch im Kühlschrank und die Tischdecke voller Flecken. Auf der Stirn ein roter Pickel.

Statt rauszugehen, den Alltag auszufüllen wie ein Kreuzworträtsel, bleibe ich heute zu Hause. In dieser Wohnung, die niemand mehr mit besonderen Erwartungen betritt. Die bis oben hin zugestellt ist mit Gewohnheit.

Auch in fremden Wohnungen war ich schon lange nicht mehr. Wie großartig das Gefühl, zum ersten Mal mit einem Mädchen die knarrenden Treppen hochzusteigen. Ohne ihren Namen zu kennen, nur in Begleitung ihrer Schritte zu sein. Ich habe das immer am meisten genossen, viel mehr als all das, was danach kam – dieser Moment, in dem man noch nichts voneinander wusste, sich alles noch ausmalen konnte. Wie das Handtuch aufgehängt ist, ob Streichhölzer oder Feuerzeug auf dem Küchentisch liegen, was neben dem Bett steht, wie viele Schuhe im Flur, was für Bilder über dem Sofa, welche Klopapiersorte im Regal ...

Wenn ich in eine fremde Wohnung kam, nach einem geglückten Abend, stellte ich mich irgendwann immer ans Fenster. Egal, ob es halb vier Uhr morgens war und der Kopf sich drehte, ob ich dadurch irgendeine Stimmung ruinierte oder gar die große Chance verpasste. Ich habe mich ans Fenster gestellt und auf die Straße oder in den Hof geschaut. Manchmal habe ich mir sogar eine Zigarette angezündet. Nur für den Fall, dass einer zufällig zu mir hochblicken würde.

Jetzt also allein mit meinen vier Wänden. Ohne Milch. Von draußen wehen Stimmen herein. Der Abend ist grau wie so viele. Natürlich träumt jeder von Festen. Aber ich, wie ich hier sitze, auf meinem alten italienischen Sofa mit dem Rücken zur Fensterwand, und versuche, eine Position zu finden, in der ich es länger aushalte als vier Minuten, in der mir nicht ständig der Fuß oder der Arm einschläft, nicht das Schienbein juckt oder die Nase läuft, wie ich so inständig darauf warte, dass mich die Faulheit überkommt, dass sie mich einhüllt in ihre dicken Tücher, wie ich hier hocke und in den leeren Raum schaue, der ganz blass vor mir liegt – sehe ich nichts als tanzende Paare. Sehe lachende Gesichter und höre Weingläser klirren, sehe all das ausgelassene Leben, das hier Platz hätte.

Ich habe Angst vor leeren Zimmern. Halte die Stille schwer aus. Immer fürchte ich, dass die schweigende Menge der ungelesenen Bücher in den Regalen plötzlich in ein schallendes Gelächter ausbrechen wird. Mich überführen könnte als Hochstapler und Klappentextleser.

Das Telefon klingelt. Endlich. Eine Umfrage zu neuen Elektroautos, nur fünf Minuten, bitte, es hänge viel davon ab. Die Zukunft der Umwelt zum Beispiel. Und die der Automobilindustrie. Und nicht zuletzt, ob er seine Probezeit bestehe, fügt der Anrufer flehend hinzu. Also lasse ich ihn fragen. Warum auch nicht. Die erste Stimme des Tages, und dann verlangt sie gleich nach so vielen Antworten. Ob ich weniger als 100 Kilometer pro Tag fahre, mehr als 40 000 Euro für ein Auto bezahlen würde. Wo sich die nächste Aufladestation in meiner Nähe befindet, was ich arbeite, wie groß mein Haushalt sei. Und schließlich die Frage, ob ich entweder ländlich lebe und städtisch arbeite oder ländlich arbeite und städtisch lebe oder ländlich lebe und ländlich arbeite oder städtisch arbeite und städtisch lebe. Oder beides oder umgekehrt oder wie. Kurze Pause. Ich bitte um Wiederholung. Finde trotzdem keine Antwort. Voller Panik lege ich auf und laufe zur Beruhigung in die Besenkammer. Ich lebe, glaube ich, vor allem falsch. Das wäre die passende Antwort gewesen. Aber die stand nicht zur Auswahl.

Ich bin nicht oft allein zu Hause. Abends habe ich meist Besuch, und tagsüber meide ich meine Wohnung eher. Nachts liege ich hinter verschlossener Tür im Bett. Ansonsten bin ich viel unterwegs, fülle mir die Tage mit Terminen, die mich beschäftigt aussehen lassen und das Fernweh ersticken. Und auch die Angst vor einem frühen Tod.

Schon allein das Gefühl, tagsüber hier rumzusitzen, wenn alle anderen außer Haus und »auf Arbeit« sind, macht mich nervös. Früher war das Haus der Inbegriff des Arbeitsplatzes – Ökonomie heißt ja nichts anderes als das Gesetz des Hauses. Zu Hause und nicht in der Stadt wurde gewirtschaftet und verdient, hier wurden die wichtigen Fragen entschieden. Draußen, auf den Plätzen, wurde nur geredet, gestritten. Da wäre ich auch gern zu Hause geblieben.

Aber heute auf dem Sofa rinnt mir die Zeit durch die Finger. Meine Gedanken drehen sich in Endlosschleifen, ich höre das Hundebellen und das Schimpfen der Halter. Autoradios, Reifenquietschen, Feuerwehr. Ich liege auf dem Sofa und wünsche mir das Meer. »Das Gemeinste am Träumen ist, dass alle es tun«, hat Pessoa einmal geschrieben. Der Satz geht mir nicht aus dem Kopf.

Ich wechsle vom Sofa zum Sessel. Schalte den alten, mürrischen Fernseher an. Er ist verbittert darüber, ein *Has-been* geworden zu sein. Früher scharten sich die Menschen gemeinsam um ihn, galt er als großes Versprechen auf die Wunder der Welt. Nach ihm richtete sich die gesamte Inneneinrichtung, wurden Tische gerückt und Stühle verschoben. Regale von der Wand geholt, Teppiche verlegt. Heute trägt jeder die Weltwunder in der Jackentasche. Schaut die spannendsten Filme, die wichtigsten Endspiele auf klitzekleinen Bildschirmen. Ich halte dagegen. Drücke den staubigen Knopf und blase noch einmal ins verglühte Lagerfeuer.

Irgendwo hält ein Wichtiger eine Rede zur Lage der

Nation. Mit klarer Stimme spricht er direkt zu mir, als wäre ich, hier auf dem Sessel vor dem beschlagenen Fenster, sein einziger Zuhörer. Er spricht voller Elan, ohne seine Sätze mit angewinkelten Fingern in Anführungszeichen zu setzen:

Fremde sind eine Gefahr. Eine Gefahr für alle, die meinen, dass ihr Leben immer so weitergehen werde wie bisher. Die sich nicht vorstellen können, dass sich Dinge wirklich fundamental ändern. Die immer noch hoffen, dass das, was in der Zeitung steht, nichts zu tun hätte mit ihren Müslibechern und Tennisstunden.

Aber die Fremden gehen uns an. Sie werden uns herausfordern, einschränken, verängstigen und umstimmen. Viele von ihnen sind krank vom Erlebten, haben sich infiziert mit dem gefährlichen Virus Erinnerung. Sie, die jetzt unter uns, in unseren Kommunen und Städten leben, hier duschen, essen und weinen, sie, die Fehler machen und wütend sind, haben ein richtiges Schicksal, nicht nur ein falsches Leben. Sie sind Geworfene im alten Sinn. Wenn wir ihnen und uns erlauben, zu Hause zu bleiben und die Vorhänge zuzuziehen – jeder für sich, ohne ein Gegenüber –, wird die Sache schiefgehen.

Für einen kurzen Moment flackert die Glühbirne in der Lampe über mir. So als ob sie sich wütend zu Wort melden wollte. Das Zuhause an sich ist doch nichts Schlechtes, will sie sagen. Ein Mensch ohne vier Wände ist ein Mensch ohne Hoffnung. Wer nicht zu Hause bleiben will, wer sich nicht manchmal nach Abschottung und Ruhe sehnt, der ist nicht ganz bei Trost. Sagt die Glühbirne zum Mann auf dem Bildschirm. Sagt sie zu mir. Und der Mann redet weiter ein auf mich und auf die Glühbirne.

Eine Gemeinschaft hält nur zusammen, wenn sie Verantwortung fühlt füreinander. Im alten Rom war Patronage nicht nur ein Mittel der Mächtigen, um Wahlen zu gewinnen. Sie sicherte den Armen und Hilflosen auch die Existenz. Sie stellten sich in den Schutz ihrer Patrone und vertrauten darauf, von ihnen verteidigt zu werden. Schon in den ältesten Quellen des römischen Rechts ist das Bündnis der Ungleichen mit einem Schwur belegt: Patronus, si clienti fraudem fecerit, sacer esto. *Wenn ein Patron seinen Klienten täuscht, ist er auf ewig gebrandmarkt. Ein Aussätziger. Der Mechanismus der Patronage, der in unseren Ohren nach Vorteilsnahme und Demütigung klingt, bindet Neue und Fremde in eine Gemeinschaft ein. Die Beziehung zwischen Patron und Klient ist reziprok: Mit ihr einher gehen sowohl Freiheit wie auch Sicherheit, Rechte wie Pflichten.«*

Wie kommt der Redner jetzt aufs alte Rom? Wie kommen die großen Ideen überhaupt in meine kleine Wohnung? Was hat das mit mir zu tun? Ich liege doch hier nur und schaue ins Leere. Und habe Hunger. Im Kühlschrank stehen ein offener Joghurtbecher und eine halbe Flasche Eierlikör. Die Tomatenmarktube ist angeritzt. Im Schrank gibt es noch eine alte Tüte Salzbrezeln. Die knacken zwar nicht mehr, aber wenigstens ist das Salz noch salzig.

Gemeinschaft erzieht zu Unlauterkeit, das könnte man doch auch sagen. Wenn mehr als zwei Leute in einem Raum sind und sprechen, lügt immer einer. Spricht jedenfalls nicht das frei aus, was er vorher unter vier Augen leicht über die Lippen gebracht hat. Sagt im entscheidenden Moment doch lieber nichts, versucht, mit einem spröden Witz seine Unsicherheit zu überspielen und redet sich raus statt rein. Gruppen sind gefährlich, finde ich und schlurfe zurück zu meinem Sessel. Der Mann im Fernseher hat im Hintergrund weitergeredet. So als wäre es ihm ganz gleich, ob ihm jemand zuhört oder nicht.

Was wir brauchen, ist ein modernes Patronagewesen. Das Römische Reich konnte nur deshalb so schnell wachsen, weil es verstand, seine Neubürger an sich zu binden und durch diese Bindungen zu kontrollieren. Nicht durch Überwachung und Strafe wurde das Herrschaftsgebiet verwaltet, sondern durch das Gefühl, aufeinander angewiesen zu sein. Auch wir müssen heute wieder den Wert der persönlichen Verbindung schätzen lernen. Dafür würde es beispielsweise reichen, wenn jeder Fremde, der unser Land erreicht, einen alteingesessenen Patron zugewiesen bekäme, den er als sein Gegenüber wahrnimmt. Der Staat an sich hat einen zu schwierigen Charakter, als dass man sich wirklich mit ihm anfreunden könnte. Das Grundgesetz und die berühmten Werte lassen sich nicht berühren, nicht umarmen. Aber die Beziehung, das Versprechen zwischen zwei Menschen schafft Vertrauen über Kultur- und Moralgrenzen hinweg.

Ich selbst traue niemandem. Kenne nicht einmal meine Nachbarn. Als ich hier eingezogen bin, haben die sich mir nicht vorgestellt. Und ich klingele grundsätzlich nicht an fremden Wohnungstüren. Da sieht man doch, dass die Menschen allein bleiben wollen. Mit sich und ihren Lieferanten. Der heimliche Leitspruch ist bei uns allen doch derselbe: »I would prefer not to.«
Die Salzbrezeln sind aufgegessen. Auf dem Fensterbrett steht eine Flasche Rotwein. Ein Gastgeschenk aus glücklicheren Tagen. Von einer Frau, die ich nicht kannte. Auf ihrem Schulterblatt hatte sie einen Farn tätowiert. Sie war die Begleitung eines Schulfreundes, sprach wenig, wusste viel. Wo sie jetzt wohl lebt, wen sie jetzt wohl liebt? Stadt oder Land, Hund oder Katze? Krankheit, Kinder, Eizellen im Tiefkühlregal?

Seltsam, wie die Gedanken kommen und gehen. Wie sie aus Knäueln von Staub hervortreten, kurz Form annehmen und dann wieder zu Schatten werden und verschwinden. Die Redner im Fernsehen müssen natürlich so tun, als wären die Gedanken ihnen untertan. Aber das stimmt nicht. In Wahrheit beherrschen sie uns. Vollkommen.

Patron oder Klient zu sein wäre eine Pflicht, keine Wahl. Auf beiden Seiten. Der eine würde gelockt mit besseren Aufnahmechancen und materieller Unterstützung. Der andere dadurch, dass man ihn von zusätzlichen Pflichten entbindet. Zum Beispiel vom Solidaritätszuschlag. Oder der Kfz-Steuer. Wenn die Bürger, vor die Wahl gestellt, ob sie lieber zahlen oder sich binden wollen, wieder einen Grund fänden, das Miteinander selbst in die Hand zu nehmen, wäre viel gewonnen.

Schon wieder flackert die Glühbirne auf, beleuchtet die Schuppen auf meinem Pullover. Die aus Kaschmir laufen mir beim Waschen immer ein, deshalb hänge ich sie nur noch manchmal auf dem Balkon in den Wind. Wenn ich das falsche Shampoo benutze, rieselt es von meinem Kopf wie aus einem Schlehenbusch. Sanft streiche ich mir die Schuppen von den Schultern, erst links, dann rechts, aber kaum drehe ich den Kopf, fallen schon neue herab. Ich sollte mehr helle Pullover tragen. Darauf achten, immer das richtige Shampoo vorrätig zu haben. Schuppen sind ein Zeichen des Verfalls und der Verwahrlosung. Ich weiß das. Aber dann denke ich mir, hier zu Hause sieht mich eh niemand, hier zu Hause sind sie Sterne auf dunkelblauem Grund. Vor allem aber gehören sie mir, deshalb kann ich ihnen nicht böse sein.

Die Birne zuckt und verglüht. Stromausfall. Der Fernsehbildschirm wird schwarz. Auf die Wände fallen fremde Schatten, wie eine Geheimschrift zeichnen sich Muster ab, weil gegenüber eine junge Frau mit Schürze immer wieder von der Küche ins Esszimmer tritt und dabei den Lichtkegel des Stehstrahlers kurz verdeckt und dann wieder freigibt. Wahrscheinlich serviert sie den Hauptgang bei einem Festessen. Noch sind alle munter, und sie ist gut gelaunt. Aber nicht lange, in ein paar Stunden sind alle gegangen, und nur das dreckige Austernbesteck ist noch übrig. Dann wird auch sie einsam sein und die Traurigkeit spüren, die alle kennen, denen die Zeit Wunden zugefügt hat.

Einmal habe ich mit meinem Feind zu Abend gegessen. Er hatte mich oft gedemütigt, es schließlich sogar mit meiner Freundin getrieben. Er hasste mich. Ich hasste ihn. »Der Feind ist unsere eigene Frage als Gestalt«, hatte mir jemand ins Poesiealbum geschrieben. Also lud ich ihn ein. An einem Winterabend kam er keuchend die Stufen hochgerannt, er schwitzte aus den Ohrmuscheln und zog seine schneeverdreckten Schuhe nicht aus. Wir saßen auf genau diesem Sofa, auf dem ich eben lag. Sein dicker Hintern war da, wo mein Kopf vorhin noch lehnte – was müssen Möbelstücke nicht alles ertragen. Hoffentlich haben sie kein gutes Gedächtnis.

Für den Feind hatte ich Rehrücken gebraten und eine Flasche Barolo aufgemacht. Er redete den ganzen Abend nur über intrigante Arbeitskollegen. Ich schenkte ihm nach und stellte mir vor, wie oft er hinter meinem Rücken so über mich gesprochen, mich bei anderen schlechtgemacht hatte. Kriegte auch das Bild nicht aus dem Kopf, wie er sich die Hose öffnete, während meine Freundin auf der Bettkante vor ihm saß, die Hände an seinen Hüften, mit glühendem Blick.

Nach der zweiten Flasche ging es besser. Nach der dritten sahen wir blau. Am Ende saßen wir mit offenem Hemd auf dem Parkett und lasen uns Celan-Gedichte vor. »Atemkristall, was für ein Wort«, sagte der Feind. So kamen wir uns näher.

Ein Tag auf dem Sofa vor der tickenden Uhr. Nichts versucht, nichts erreicht. Nur gewartet.

Lange Ziit sagen die Schweizer und meinen damit sowohl Langeweile als auch Sehnsucht. Ich habe *lange Ziit* nach dir, heißt so viel wie: Ich sehne mich nach dir. Nur wer sich langweilt, kann sich auch sehnen. Ein Leben, das nie aufschiebt, wird immer nur hecheln, nie frei atmen.

Natürlich kann man sich alle Behäbigkeit, alle stillvergnügte Faulheit wegtherapieren lassen, kann Arbeitsalkoholiker werden und seinen Geburtstag im Büro feiern. Aber der Traum von Freiheit und die Angst vor verpassten Chancen werden bleiben. »Ich war elf, und später wurde ich sechzehn«, hat Truman Capote sich einmal erinnert. »Verdienste erwarb ich mir keine, aber das waren die wunderbaren Jahre.«

Immer wenn ich allein bin, stelle ich mir vor, es schaute mir jemand beim Alleinsein zu. Ich spiele mein Leben einem unbekannten Zuschauer vor. Der sitzt da und schaut auf jede Bewegung, die ich mache. Er kennt mich gut mittlerweile, weiß um meine Schwächen und Stärken. Die Sit-ups am Morgen mache ich nur für ihn, genauso wie die rhythmischen Handbewegungen beim Musikhören. Ich würde ihn gerne einmal kennenlernen, meinen Zuschauer, vielleicht könnte er mir ein paar Ratschläge geben, was ich besser machen kann. Bisher hat er sich noch nicht gemeldet. Aber er wird schon noch anrufen. Bis dahin bleibe ich noch ein bisschen zu Hause. Schaue auf die tanzenden Paare und schweigenden Schatten. Und warte.

IV
AVARITIA

☦

✝

SCHLIMM IST NICHT DAS VERLIEREN. Schlimm ist der Gewinn der anderen. Der ahnungslosen Anfänger, die auf gut Glück ankreuzen, was ihnen gerade vor den angekauten Bleistift kommt. Die zum ersten Mal hier sind und gleich meinen, die Sache durchschaut zu haben. »Platz-Zwilling 2 und 4«, rufen sie der Dame im Toto-Stand schon vor dem ersten Startschuss zu.

Hinten am Treppenaufgang zur Zuschauertribüne steht einer von ihnen. Er ist einer jener harmlosen Barbaren des einundzwanzigsten Jahrhunderts – er ist ein Superdaddy. Das Baby auf dem Arm, die Schultern ganz locker, die Schnürsenkel der Timberlands offen, Dresscode: argloser Wohlstand. Dass so jemand hier überhaupt wetten darf. Dass so jemand allen Ernstes sagt: »Zehn Euro auf den Sieg von *King's Soldier*.«

Statt überall groß auf den Jugendschutz und die Gefahren von Wettsucht zu verweisen (»Bitte fragen Sie uns nach der Broschüre *Was tun, wenn alles weg ist? Wege aus der Spielhölle.*«), sollte man eher vor den Wettanfängern warnen. Eine Pferdewette ist doch keine Familienaufstellung. Das ist was für Risikoristen, für Leute, die es gerne extrascharf mögen, und nicht für jene, die ihren Kindern die Zuckerwatte wegessen.

Nibelungenfürst, das Pferd, auf das ich gesetzt habe, hat nicht gewonnen. Was heißt: nicht gewonnen, er ist weit abgeschlagen Letzter geworden. Ich hatte so auf ihn gehofft, den dreijährigen braunen Hengst aus dem Stall Pütz. Schon allein weil sein Vater *Tertullian* hieß und seine Mutter *Nightbitch*. So eine riskante Mischung aus Geist und Geilheit muss doch verpflichten und zu Hochleistungen anfeuern. Tat es nicht. Neunter Platz für *Nibelungenfürst*. Erster wurde *King's Soldier*. Superdaddy kreischte vor Glück.

Zwischen den Rennen, hinter den Ställen lutschen die Jockeys an Orangenhälften. Schmächtige Jünglinge mit milchweißer Haut, an denen für kurze Zeit das Schicksal von so vielen hängt. Einige Minuten sind alle Augen auf sie gerichtet, werden sie zu engsten Verbündeten. Mit ihren flatternden Windjacken, weißen Hosen und Schutzbrillen sehen sie aus wie vergessene Statisten eines längst abgelaufenen Kinofilms. Auf dem Weg vom Führring zum Zielrichterturm flirten sie mit den Stallmädchen, die Mühe haben, die aufgeregten Tiere am Halfter zu halten und zur Rennbahn zu führen. Von den abrupten Bewegungen der Pferde werden sie hin und her gerissen, zerkratzen sich die Schultern an den Hecken links und rechts, werden von

Pferdeschweifen gepeitscht. Unwirsch versuchen sie dabei, ihren eigenen Pferdeschwanz im Zaum zu halten. Denn auch für sie gilt es, Haltung zu bewahren, einen überlegenen Eindruck zu machen, so wie die Jockeys, die oben ruhig auf dem Rücken der unruhigen Tiere knien, ihre Rennbrillen putzen und sich immer wieder kurz herabbeugen, um den Mädchen ins Ohr zu flüstern: »Dein BH ist verrutscht, Marie«, höre ich einen sagen, ein anderer fragt leise nach der nächsten Massagestunde. Sobald sie die Club-Tribüne passiert haben, lösen die Mädchen schnell ihre Longierleinen und springen zur Seite. Die Jockeys stellen sich in die enggezogenen Steigbügel, lehnen sich weit nach vorn wie Skispringer kurz vor dem Sprung und galoppieren davon. Ihr Geschick besteht darin, den Lauf des Pferdes so wenig wie möglich zu irritieren und doch in den entscheidenden Momenten die Zügel ein klein wenig kürzer oder länger zu lassen. Höchste Konzentration ist gefragt. Ihre Hintern recken sie dabei spitz in den Himmel, fast anzüglich, als ob sie darauf warteten, dass ihnen ein notgeiler Windgott einen kräftigen Klaps versetzt. Womöglich ist es genau das, was hier am Ende über Sieg oder Niederlage entscheidet.

Im zweiten Rennen wette ich einen Zweier auf *Meergörl* und *Wild Approach*. Der englische Jockey von *Meergörl* hat eben mit einem unterklassigen Pferd gewonnen.

Meergörl kommt aus der berühmten *Meer*-Familie, steht in der Wettzeitschrift, die mir ein alter Mann mit steifem Bein ausleiht, sie hat eine ausgezeichnete Abstammung, ist reinrassig. Außerdem kommt sie vom Gestüt Görlsdorf aus Brandenburg. Ich meine, ich hätte irgendwann mal gelesen, dass der Hof Scientology gehört, aber genau erinnere ich mich nicht. Diesmal setze ich nur zwei Euro, die zwanzig vorhin waren zu schnell weg. Jetzt hat Superdaddy meinen Schein in der Hand und kauft davon Nutella-Crêpes für seine Kleinfamilie.

Auf die Haupttribüne kommt man eigentlich nur als Besitzer einer VIP-Karte. Aber wenn man irgendwas von Business und Important Call murmelt, lässt einen die braungebrannte Sicherheitsdame trotzdem durch. Sie kennt zwar alle Tricks, aber will auch nicht immer als Spielverderberin dastehen. Vor allem, weil die Sitze in der Panoramalounge sowieso nie vollbesetzt sind. Hier sammeln sich die Kenner, die nichts zu tun haben wollen mit den aufgekratzten Anfängern unten auf der Picknickwiese. Alte Damen mit weichgecremten Händen, alleinstehende Herren mit scharf gebügelten Falten in der Hose. Locker haben sie die Hände vor dem Bauch verschränkt, den Blick auch nach dem Startsignal noch nach unten gerichtet. Noch geht es nicht los. Noch lohnt keine Bewegung. Erst wenn die Pferde in die Schlusskurve einbiegen, wenn es noch gut vierhundert Meter sind bis zum Ziel, unten die Menge zu brüllen und klatschen anfängt und der Boden sanft vibriert, erst dann heben sie den Blick, rücken auf ihren Sitzdecken ein wenig nach vorne und greifen zum Fernglas.

Jetzt erst fällt die Entscheidung, zeigt sich, wer gut mit den Kräften des Tieres gehaushaltet hat und noch eine letzte Beschleunigung herausholen kann. Jetzt löst sich auch die vornehme Haltung der Jockeys, die Hintern wackeln hin und her, sie keuchen dumpf, Gerten knallen. Ein Pferd strauchelt, lässt den Reiter ins flutlichtbeschienene Gras stürzen. Benommen bleibt er für einen Moment liegen, wünscht sich zurück in den rostigen Liegestuhl am kleinen Seerosenteich im Garten seines Vaters. Dann richtet er sich mühsam auf und humpelt an die Seite. Aus und vorbei. Eben noch kannten Hunderte seinen Namen, hätten ihm alles angeboten für einen Sieg. Jetzt ist er schon vergessen.

Die anderen galoppieren weiter, während die Menge johlt. So in etwa muss das im altrömischen Zirkus geklungen haben, wenn unten die todgeweihten Gladiatoren um den erhobenen Daumen bettelten. Likes, die über Leben entschieden.

Noch zweihundert Meter bis zur Ziellinie. »Vom Breeding her hätte sie Chancen«, murmelt ein Mann neben mir, der Mercedesschlüssel baumelt in der Gürtelschlaufe. Wen meint er? »Wen meinen Sie?« Ungehaltenes Zischen im Hintergrund.

Meergörl liegt als Vierte zurück. Von *Wild Approach* gar nicht zu reden. Kein Glück heute. Weiter unten, dicht an der Rennbahn, sehe ich jemanden die Faust in die Höhe strecken. Superdaddy.

Das darf doch nicht auch noch belohnt werden. Ich habe genau gesehen, wie er den Tipp von seinem Nebenmann am Toto-Stand abgeschrieben hat. Schamlos. Ich meine, es gibt ja eine Menge Faktoren, nach denen man sich bei seinem Tipp richten kann: Nach den allgemeinen Quoten zum Beispiel, die die Mehrheitsmeinung über die Favoriten widerspiegeln. Sie flimmern gut fünfzehn Minuten vor Rennbeginn über die Bildschirme und werden von vielen Wettteilnehmern sklavisch befolgt.

Ich halte nicht viel von Mehrheiten, immer wenn zu viele dasselbe meinen, werde ich wild. Wenn von einem WIR die Rede ist, fühle ich mich provoziert. Ich sitze lieber alleine im Boot, würde meinetwegen damit auch untergehen, nur um nicht das Gefühl zu haben, Worte im Mund zu führen, die schon Millionen andere zwischen den Zähnen hatten.

Der blöde *Spiegel*-Spruch »Wenn sich alle einig sind, fangen wir an zu zweifeln«, den ich während einer Hamburger Hafenrundfahrt auf einem Transparent an der Fassade des Redaktionsgebäudes gesehen habe, ist mir nie aus dem Kopf gegangen. Ich sage daher oft Dinge, von denen ich gar nicht vollkommen überzeugt bin, solange sie nur beim Gegenüber für etwas Staunen sorgen.

Die Angepassten und Opportunisten, die Weichspüler und Dalai-Lama-Nachahmer orientieren sich beim Pferderennen jedenfalls an den allgemeinen Quoten. Dem entgegen stehen die ewig Kaisertreuen: Die, die sich nie für den utopischen Glutkern der Demokratie begeistern konnten, die meinen, dass es reicht, wenn einige wenige den Laden am Laufen halten und dafür sorgen, dass die Brotpreise nicht steigen. Das sind die Wetttypen, die mit Sportzeitungen unter dem Arm in der Lounge sitzen und ihre Tipps schon am frühen Morgen abgegeben haben. Sie haben sich an den verschiedenen Experten orientiert, gegengerechnet, zusammengezählt und trickreiche Wettkombinationen erstellt. Einfachere Gemüter entscheiden oft nach Aussehen der Jockeys oder Augenfarbe der Pferde. Akademiker und Blaublüter lassen sich in ihrer Wahl davon beeinflussen, ob der Besitzer des Pferdes promoviert ist oder einen Adelstitel trägt. Verschwörungstheoretiker wollen einen Zusammenhang zwischen dem Nagellackmuster der Kassiererin in der Wettbox und den Symbolfarben auf dem Trikot des siegreichen Jockeys ausgemacht haben. Bei jedem Rennen, so sagen sie, trägt immer eine der Wettbürodamen die Gewinnfarben auf ihren Fingernägeln.

Wie absurd auch immer die Kriterien sind, nach denen sich manche richten, das dumpfe Abschreiben vom Wettzettel des Nachbarn ist mit Abstand die verwerflichste Taktik von allen. Zynisch ist das und unehrenhaft. Aber was heißt das schon für einen Superdaddy von heute.

Jedenfalls liegt *Meergörl* zurück. Hundertfünfzig Meter bis zum Ziel. Langsam wird es knapp. Oben über dem alten Backsteingebäude weht die Deutschlandfahne im Wind und fragt sich, wofür. Warum sich jeden Tag aufs Neue hochziehen lassen, wenn doch keiner zu ihr aufschaut.

Jetzt passiert doch noch etwas. *Meergörl* setzt sich an die Spitze der Verfolger, reißt sich von den Hinterbänklern los und stürmt zur Spitze, Schlamm spritzt an die Bande. Hundert Meter noch bis zum Ziel. Hundert Meter. Unten kreischen die Stallmädchen, fliegen Picknickdecken durch die Gegend. Das wäre jetzt der günstigste Moment für einen Taschendiebstahl. Ein Mädchen mit Down-Syndrom wirft sich vor lauter Aufregung ihrem Betreuer an den Hals. »Komm, mein *Meergörl*!« Für wenige Sekunden wird das fremde Tier zum Privatbesitz, verliert die Unverletzlichkeitsklausel von Eigentum jeden Wert. Würde ein Teufel in diesem Moment einen faustischen Pakt vorschlagen, meine Seele, meine Verbeamtung gegen *Meergörls* Sieg – ich würde keinen Moment zögern. Denn die Habgier hat mich gepackt. Ich will gewinnen. Unbedingt.

Die letzten Meter bis zum Ziel. *Meergörl* ist gleichauf, der Jockey lässt die Gerte auf ihr Hinterteil knallen. Wieder, immer wieder. Bis es hilft. *Meergörl* springt noch einmal nach vorn, reißt die Vorderhufe vor und überquert als Erste die Ziellinie. Für einen kurzen Moment werde ich ganz ruhig, spüre eine große Leichtigkeit, so wie in der besten Phase beim autogenen Training. *Die Gedanken ziehen vorbei wie die Wolken am Himmel. In der Ferne rauschen die Wellen, hin und her, her und hin.* Noch bevor ich das Ergebnis prüfe, fällt mein Blick auf Superdaddy und seinen eingeknickten Siegerarm. Was für ein göttliches Bild. Eine Vorahnung vom Jüngsten Gericht. Triumph, Trompeten, Trikolore!

Dann sehe ich im Augenwinkel, wie der zweite Platz eingeblendet wird: *Wild Approach*. Ein Schauer läuft mir über den Rücken, wie benommen taumle ich von der Tribüne. Unten stampfen dicke Jungs in roter Weste schon wieder die Rennbahn glatt. Bald schon wird nichts mehr an diesen denkwürdigen Schlussspurt erinnern. Beim Toto-Laden löse ich meinen Wettschein ein. Zwei Euro habe ich gesetzt, zweiundvierzig kriege ich ausgezahlt. Der Siegestaumel währt nur kurz. Zu kurz. Dann wird mir klar, was ich verpasst habe.

Was wäre, wenn ... Wie viel hätte ich gewonnen, wen alles kreischend angerufen, wenn ich statt der zwei Euro zweihundert Euro oder wenigstens zwanzig gesetzt hätte. An meinem Geiz ist niemand anderes schuld als Superdaddy mit seiner impertinenten Postheroik. Hätte ich meinen Zwanzigeuroschein nicht so wehrlos in seiner verschwitzten Gutmenschenhand gesehen, vorhin am Crêpestand, ich hätte mehr Mut bewiesen.

Es fängt an zu nieseln. Die Pferde hinten in den Sattelboxen werden unruhig. Die alten hölzernen Anzeigetafeln aus dem 19. Jahrhundert klappern im Wind. Ob der englische Investor, dem diese Trabrennbahn mittlerweile gehört, auch manchmal mitwettet und die Sanierung der alten Backsteingebäude so finanziert? Vielleicht ist das der gutgekleidete Herr dort hinten. Er bleibt während des Rennens auf der Bierbank sitzen, hat ein zartrosa Gesicht. Mit dem Rücken zu den Bildschirmen wartet er, bis ihm eine bessere Zukunft auf die Schulter klopft. Es hat schon etwas Provinzielles, dass hier nie jemand etwas Großes wagt, alles Kleingeister, die mit fünfzig Cent Einsatz das große Geld machen wollen.

Später an diesem Abend setze ich noch auf den Sieg von *Loulous Jackpot*, vertraue einem Jockey mit weißem Käppi und hoffe auf einen zweiten Platz für die Nr. 10: *Nemesis*. Nemésis spricht es der Kommentator aus. Wenn dauernd dein Name falsch ausgesprochen wird und du dich nicht dagegen wehren kannst – das muss doch aufputschen, dich anstacheln, es allen zu zeigen. Hoffe ich.

Nemesis bleibt im hinteren Mittelfeld, und ein pickliger Lackaffe mit löchrigem Zylinder sagt zu mir kurz nach dem Schlusssignal: »Man möge mir ein Feuerzeug reichen!«

Um mich herum sind alle Gedanken längst beim nächsten Rennen, ich dagegen denke nur an meine verpasste Chance. Dieses eine Rennen, dieses eine Pferd. *Meergörl.* My girl. Das hätte es sein können.

Über die Lautsprecher läuft die spanische Nationalhymne. Das längste Rennen des Abends ist gerade vorbeigegangen. 3200 Meter für vierjährige und ältere Pferde. Der große Favorit, ein »hochklassiger Steher« aus dem Stall eines saudischen Prinzen, hat nicht gewonnen. Wenigstens einmal Gerechtigkeit. Wer seine Frauen zu Hause nicht Auto fahren lässt, sollte sie im Ausland auch keine Pferde führen lassen. Eine Doppelmoral in PS-Sachen darf es nicht geben. Das Gerede über Bestechungsgelder vom Ölscheich und korrupte Tierärzte verstummt angesichts der Platzierung von *Elvis* jedenfalls schnell. Fünfter Platz, da haben auch die aerodynamischen Scheuklappen nichts genützt.

Vor dem letzten Rennen bricht eines der Pferde aus und rennt quer über das Feld. Eine Handvoll eifriger Stallmädchen schwärmt aus, um es wieder einzufangen. Vergeblich rufen sie seinen Namen, schwingen ihre Longierleinen im Wind. Ich setze währenddessen (letzter Versuch, volles Risiko!) auf einen Außenseiter, der aus wettkampftechnischen Gründen noch vor dem Start disqualifiziert wird. Tristesse royale.

Ich verabschiede mich bei meiner treuen Kassiererin am Toto-Stand und erschrecke bei dem Gedanken, dass sie ja von all meinen Niederlagen weiß. »Vielen Dank«, hat sie jedes Mal freundlich gesagt, wenn ich den Wettschein abgab. Und wahrscheinlich bei sich gedacht: »So etwas Dummes.« Dann statte ich Superdaddy noch einen letzten Besuch ab. Abgerechnet wird immer zum Schluss. Nach jedem Festmahl kommt der Abwasch.

Dahinten sitzt er, der Strahlemann. Natürlich nicht auf der Bank, sondern auf der Banklehne, die Füße auf der Sitzfläche, das Kleinkind auf den wackelweichen Hopseknien. »Füße runter«, will ich sagen, aber dann erinnere ich mich, dass dieser Typ ja mindestens fünfzehn Jahre älter ist als ich. Wer ein solch zu kurz gekommener Gartenzwerg mit Schluckaufphobie ist wie Superdaddy, der muss mit mehr gestraft werden. Zum Beispiel mit Nichtachtung. Irgendwann wird ihn das mehr schmerzen als jedes rüde Wort, das ich jetzt an ihn richte. Irgendwann wird er sich krümmen vor Verzweiflung darüber, dass ich am Ende dieses langen Rennabends einfach schweigend an ihm vorübergehe.

Gleich auf dem Heimweg wird er sein pinkfarbenes Einstecktuch stolz in den Wind halten, neben ihm seine schwäbische Freundin und das schlafende Kind im Markenpullover. Sie werden froh im Elektroauto sitzen, während ich die S-Bahn verpasse und mit dem Taxi zum Bankautomaten fahren muss. So wird es sein. Heute.

Aber bald, wenn ich erst wer geworden bin, wird er allen erzählen, dass ich einmal an einem Märzabend an ihm vorüberging. Und er wird mir schreiben und darum betteln, dass ich doch nur ein einziges kleines Wort für ihn erübrige, damit er vor seinen magersüchtigen Kindern damit angeben kann. Ich werde auf voller Linie siegen. Ich werde triumphieren. Nicht jetzt, nicht morgen. Aber irgendwann. Bis dahin werde ich mir mein Lächeln aufheben. Und weiter wetten. Jeden Sonntagabend, egal ob es stürmt oder schneit...

Denn wenn einmal meine Richter am Esstisch sitzen, unangekündigt, ohne meinen Schutzengeln Bescheid zu geben, dann werde ich ihnen sagen: Ich kenne ein Pferd, auf das man setzen muss. Es steht hinten, am Rand der Koppel. Seinen Kopf hebt es nur vor Königstreuen. Und auf seine Hufe sind Verse von Stefan George lackiert: »Der glanz der war bringt wenn auch späte spende / Die geister kehren stets mit vollen segeln / Zurück ins land des traums und der legende.«

V
INVIDIA

‡

☦

WAHRSCHEINLICH SIND WIR ZU WENIG vom Teufel besessen. Wahrscheinlich fehlt uns, was früher das Mantra der Jugend war: die Wut. Und auch das richtige Briefpapier. Wie viel wurde dagegen früher gelesen – und geliebt. Heute läuft uns dauernd die Zeit davon. Einen Ausstellungsbesuch muss man Wochen vorher mit Save-the-date-E-Mail vorbereiten. Wieder und wieder habe ich versucht, Musil gemeinsam zu lesen, den *Mann ohne Eigenschaften*, zu viert. Nie sind wir über die ersten Seiten hinausgekommen, auch den Benjamin-Lesekurs in der Uni habe ich nach dreieinhalb Treffen abgebrochen. Immer kam etwas dazwischen. Das muss doch besser geklappt haben, damals, im Rollkragenpullover, mit der Zigarette im Mund. Oder als Theodor Mommsen nachts mit einer Kerze die Leiter in seiner Bibliothek hochstieg. Angeblich soll erst sein schlohweißes Haar Feuer gefangen haben und dann seine vierzigtausend Bücher. Darunter war eine über tausend Jahre alte antike Handschrift, die sich der berühmte Althistoriker leichtfertig nach

Hause hatte schicken lassen. Das Feuer fraß alles auf, vielleicht sogar den vierten Band seiner *Römischen Geschichte.* Oder hatte er den gar nie geschrieben? Selbst Nietzsche, der den preußischen Gelehrtenkönig verachtete, schrieb entsetzt: »Haben Sie von dem Brande in Mommsens Hause gelesen? Und daß seine Excerpte vernichtet sind, die mächtigsten Vorarbeiten, die vielleicht ein jetzt lebender Gelehrter gemacht hat? Er soll immer wieder in die Flammen hineingestürzt sein, und man mußte endlich gegen ihn, den mit Brandwunden bedeckten, Gewalt anwenden.« Am nächsten Morgen suchten Mommsens Studenten im Schutt nach Überresten, sammelten verkohlte Papierfetzen ein und klebten sie wieder zusammen. Die letzten Zeugnisse universaler Gelehrsamkeit wollten sie nicht so einfach verloren geben.

Was war das für eine Zeit, als die Blätter noch weiß waren und die Bildflächen schwarz, als der Gang raus auf die Straße, rein in die Kneipen und fremden Wohnzimmer noch etwas bedeutete? Aufbruch, Widerstand, Türenschlagen – nach Wasser ohne Kohlensäure hat da bestimmt niemand gefragt. Und auch nicht, ob man immer noch von Studierenden sprechen sollte, nachdem sie mit einem Flugzeug abgestürzt sind, oder ob das dann nicht doch eher Studenten waren.

Uns fehlen heute vor allem die richtigen Räume. Wir lassen uns wegnehmen und verordnen, was ursprünglich gerade wegen seiner Nutzlosigkeit und Unordnung wirksam war. Die Bibliothek zum Beispiel, in der ich hier sitze, ist nichts als eine Servicestation. Statt von Bücherregalen wird man von Informationsschaltern und von Bildschirmen empfangen. Überall kann ich meinen Ausweis verlängern, mich über Zahnhygiene informieren oder Club-Mate-Flaschen zurückgeben. Es gibt ein Reparatur-Café, in dem defekte Elektrogeräte wiederbelebt werden. Nähmaschinen stehen bereit für zerrissene Hosen. Im zweiten Stock gibt es 3D-Drucker und ein Tonstudio. Das Gesundheitsamt wirbt für Workshops, eine Drohnenflugschau wird annonciert. Unten, im Familienbereich, wo Kinder auf digitalen Spielplätzen herumhüpfen und an Konsolen zocken, gibt es einen Gong, der immer dann ertönt, wenn im Kreißsaal der Stadt ein neues Kind geboren wird.

Aber die Bücher, die stehen am Rand. Sie passen nicht ins Bild einer modernen Architektur der Leere. Deshalb werden sie ausgelagert und zu Platzhaltern degradiert. Von einem Ort, an dem Bücher wie Schätze behandelt wurden, dicker Staub das Wissen schützte, hat sich die Bibliothek zu einem profanen Ort gewandelt, an dem viel geschieht und wenig gelesen wird.

Revolutionen fressen ihre Kinder nicht immer gleich, manchmal saugen sie sie auch nur aus. Wie ein Vampir, der sein Opfer lieber genüsslich verzehrt, als es auf einmal mit Haut und Haaren zu verschlingen. Die digitalen Kräfte schwächen ihre Opfer nach und nach, bis sie – äußerlich noch einigermaßen intakt, aber innerlich saft- und kraftlos – in sich zusammensacken. Sexkino, Reisebüro oder Postkarte sind so schon ums Leben gebracht, aber auch die Bibliothek ist in Gefahr. Mit jeder Wikipedia-Seite, jedem neuen Google-Book-Scan verliert sie ein Körnchen ihrer Aura, ein Gramm ihrer Notwendigkeit. Stellen werden gestrichen, Etats gekürzt.

Dabei müsste die Bibliothek sich gerade jetzt selbstbewusst gegen das Ungreifbare stellen. Ihre Anziehung gewinnt sie durch endlose Regalreihen mit Bataillonen von Buchrücken. Auf kleinstem Raum bietet sie ihren Besuchern einen Kosmos an Positionen: In ihr hat das Reaktionäre neben dem Progressiven Platz, steht das Außergewöhnliche Rücken an Rücken mit dem Alltäglichen. Die Bibliothek, das ist ein Hort der Vielstimmigkeit. Im Schein des grünen Lampenschirms reist man hier sicherer als auf jedem glitschigen Surfbrett. Die Bibliothek als Abflughalle. Die Bücher als Flugzeuge mit heruntergelassener Gangway. Warten geduldig auf ihren einzigen Fluggast. Irgendwann wird er kommen, an einem dunklen Winterabend, und beim Gang entlang der Regale einen zufälligen Griff tun. Dann startet der Motor, und das Flugzeug hebt ab.

»Diese Bibliothek schließt in fünfzehn Minuten«, teilt mir die Stimme einer stellungslosen Schauspielerin mit. Über die Lautsprecher wünscht sie einen sicheren Heimweg. Und am Ausgang gibt es jetzt bestimmt gleich Erfrischungstücher und Kokoswasser.

Woher kommt dieses dumpfe, wehleidige Gefühl, zu spät geboren zu sein, in Zeiten zu leben ohne Arien und Rausch? In denen man seine Eltern am liebsten anflehen würde: »Behaltet eure Erinnerungen für euch! Merkt ihr denn nicht, wie schwer sie wiegen, wie unsere Schultern davon einfallen und uns der Mut daran zerbricht?«

Immer wenn ich an ein Früher denke, mir vorstelle, wie die Tage dort begonnen haben (nicht gleich mit einer Schusswunde vielleicht, aber wenigstens mit einer blutigen Nassrasur), mit welcher Zorneslust man die Zeitung aufschlug, den Kaffee hinunterschüttete und die Nachtbekanntschaft vom Sofa schmiss – wie man das Lieben liebte, in der Schwere zu Hause war. Immer wenn ich an dieses Früher denke, packt mich der Neid. Weil da so viel kaputt war, was neu aufgebaut werden konnte. Niemand wünscht sich einen Krieg, aber die Chance des Neuanfangs, der Gründerzeit, der Wunderkinder, von der darf man doch träumen. Als es noch Gegner gab, echte Feinde. Als feiges Nicht-Grüßen als Waffe nicht zugelassen war – »man grüßt auch Leute nicht, die man nicht kennt« (Karl Kraus). Sondern man sich Sätze ins Gesicht sagte, die Spuren hinterließen. Als es um Sachen ging, nicht um Sachlagen, über wahr und falsch gestritten wurde, der kritische Impuls kämpferisch hervortrat und man dabei auch sich selbst aufs Spiel setzte.

Wir können uns gar nicht mehr vorstellen, dass man einmal geglaubt hat, wirklich von Grund auf überzeugt davon war, alles ganz anders machen zu wollen und zu können.

Den großen Umsturz planen – gemeinsam, am Küchen-, Kneipen- oder Kantinentisch –, was muss das für ein Selbst-, was für ein Sendungsbewusstsein gewesen sein, was für ein Machtgefühl: Ihr seid fertig, jetzt sind wir dran – wir kommen in eure Schulen, eure Parlamente, eure Fabriken und Theater, eure Verlage, Redaktionen und Werkhallen.

Die Revolte unserer Vormütter und -väter kam ja nicht einfach nur aus einem Gefühl heraus. Sie lief auf den hohen Absätzen der Theorie, kam intelligent und geistig gewandt daher, hatte viel und konzentriert gelesen und konnte die Verhältnisse mit Wendungen kritisieren, die wir heute nachschlagen müssen.

Was und wie stark sie geträumt haben, darum beneide ich sie. Ich, der ihnen heute oft in der Straßenbahn gegenübersitzt, schweigend, von ihrem Erlebten niedergedrückt. Der ihnen unterlegen ist in Wissen (Welche Bücher habe ich schon zweimal gelesen? Und wo sind die Notizhefte dazu?) und Leidenschaft (mit weniger Frauen geschlafen, nie in Kuba gewesen, in der verkehrsberuhigten Zone brav 30 km/h gefahren), der dabeisteht und sich erzählen lässt, wie großartig es früher war. Ich bin neidisch auf ihre Wunden. Auf ihre Blicke, ihr Sehnen. Und ihre Frisuren auch. Warum gibt es heute keine Gruppen mehr, die nach Princeton fliegen? Warum keine Kollektive, Kommunen, Teestuben? Reicht es wirklich, am Sonntagnachmittag mit Alexandra auf dem Sitzkissen zu liegen und die Urlaubstage im gemeinsamen Kalender blau zu markieren? Und die Lederjacken tragen immer noch unsere Eltern.

Natürlich: Nachfolger waren immer schon alle. Das ist nichts Neues, das Gefühl, zu spät gekommen zu sein. Aber es geht doch um die Frage, ob es einem gelingt, etwas herauszuschlagen aus dieser Stimmung – oder ob man die Kerze einfach runterbrennen lässt. Um die Mehrheit ging es noch nie, die hat immer schon geackert und geschuftet, damit die wenigen herrschen, malen und dichten konnten. Die meisten haben stets den wenigen Feuer gegeben, ohne je selbst welches zu fangen. Es war immer eine Elite, eine kleine esoterische Gruppe, die den Fortschritt machte. Zur Revolution aufrief. Wer am Anfang zu viel an Gleichheit denkt, der verliert den Mut zur Tat. Der achtet bald nur noch darauf, dass das Handtuch am Morgen auf der nicht zu hoch aufgedrehten Heizung liegt und die Fahrradkette geölt ist.

Von rechts hinten durch die Tür kommt jetzt das

Aufsichtspersonal in den Lesesaal. Beginnt, die Tische derjenigen abzuräumen, die länger als eine halbe Stunde nicht mehr an ihrem Platz waren. In gelbe Postkästen schieben die Damen alles achtlos hinein, was an Notizzetteln, Büchern und Kopien zurückgelassen wurde. Wenn der Tisch dann leer ist, sprühen sie aus einer großen silbernen Spraydose Desinfektionsmittel auf die Fläche und reiben sie mit einem Tuch blitzblank.

Wir arbeiten und entspannen mit der Stechuhr im Rücken – das ist unsere Lage. Richtig gelebt haben wir nie, nur immer das Ziehen in der Brust gefühlt bei der Frage, wie alt jemand war, als dieses Ereignis geschah, als jenes Werk geschaffen wurde. Irgendwie waren immer alle erst Mitte zwanzig, als sie den ersten Roman schrieben, die erste Hauptrolle spielten, die erste Million machten.

Neid heißt bei mir also vor allem: die Jahre zählen. Rechnen, wie viel Abstand schon ist, welcher Spielraum noch bleibt. Heißt: Einmal Rimbaud sein wollen. Einmal leben ohne Einstweh. Schöpfer sein, Theaterregisseur, notfalls auch Diskursbegründer – nur da sein, wirklich da sein, und nicht nur Visitenkarten sortieren im Büro. Als ewiger *Adabei* und Schattenboxer, der nie den Ring betrat, immer nur von der Musik träumte, unter deren dröhnendem Klang ihm das Publikum entgegenjubeln würde.

Die letzte Warnung, schon kommt mit schweren Schritten ein Wachmann heran und zieht mir den Stuhl weg. »Raus jetzt.« Die Bibliothek als vorübergehender Aufenthaltsort, aus dem man rüde abgeschoben wird, wenn die Duldung ausläuft. Das Reinigungspersonal rückt wieder an mit den silbernen Sprays. Diesmal tragen die Frauen Mundschutz und haben einen Staubsauger, nein, einen Kärcher dabei. Jetzt kommen die Bücher dran. Tag für Tag werden sie penibel gesäubert, bis die letzte Staubfluse ausgemerzt ist. Sie glänzen wie nie zuvor, diese Bücher, aber gelesen werden sie nicht. Mit dem Staub verschwindet auch das Wissen. Die Aura von Berührbarkeit.

Uns fehlt das Feuer. Der Mut. Wir ewigen Zweiten. Die wir nachts heimlich die eigenen Namen in die Bücher unserer Väter schreiben, in der Hoffnung, das Erbe gäbe uns Kraft.

VI
LUXURIA

‡

‡

VOR DEM EINGANG EINES ALTBAUS spazieren, die Hände hinter dem Rücken verschränkt wie griechische Philosophen, zwei Männer im Anzug. Der eine hält die Schultern gerade, der andere geht ein wenig vornübergebeugt, sie tragen schwarze Masken, und der Schweiß steht ihnen auf der Stirn. Ich werde von ihnen angesprochen, leise, die Nachbarn stünden auf Kriegsfuß, sagen sie und leiten mich durch ein dunkles Treppenhaus, über einen Hinterhof ohne Katzen vor eine alte Holztür mit Milchglasfenster. »Dreimal klopfen, bitte – viel Vergnügen.« Eine junge Frau öffnet die Tür, ihr Blick bleibt berechnend, auch wenn der Mund zum Lächeln neigt. Ihre weiße Haut spiegelt den flackernden Kerzenschein, es kommt mir vor, als ob sie zittere. Aber später, am Ende, wenn sie neben mir auf der Tischpyramide liegt und die Hand über meinen Hinterkopf gleiten lässt, wird das Zittern vorbei sein. Dann ist da nur noch Ruhe und Glück.

Ein dunkler Garten aus Pailletten und Samt, Irrlichter, ein Idyll des Rauschs und der Musik. Perlende

Getränke und frische Südseefrüchte. Ein rubinroter Keller zum Spielen, um Glück und Geld oder den Kopf von Laokoon. Eine Sommernacht unter fremden Freunden und freundlichen Fremden. Ein bisschen »Eyes Wide Shut«. Nur ein bisschen. Der Traum von der einen Nacht, in der alles verziehen wird. Wo man die Scham verliert, sie endlich einmal loswird, die alte Klette, die sich seit Kindesbeinen an einen geheftet hat. Nackte Haut berühren, Gläser splittern lassen, durch Labyrinthe streifen. Dunkelheit und Kerzen, ein Schatten von irgendwoher, der zum Freund wird, zur Geliebten für eine kurze Zeit. Und dann weiterzieht, als wäre nichts gewesen, als dürfte diesmal das Spiel alles sein und die Rechnungen unbezahlt bleiben. *Lippen schweigen / Flüstern Geigen / Hab mich lieb.* Den Traum habe ich schon lange. Er hat sich in meine Phantasie eingeschlichen und mich verfolgt, erwartungsvoll und ein wenig spöttisch, als ob er mir sagen wollte: Du wagst es ja doch nicht! Du wirst im entscheidenden Moment die Augen schließen, wirst deine Fliege zurechtrücken und daran denken, dass du am Montag wieder früh aufstehen musst. Du wirst dich auf die Steuerrückzahlungen freuen und auf den nächsten Physio-Termin. Und die anderen machen lassen.

Ich war immer schon besser darin, vom großen Gewinn zu träumen, als die Wette wirklich abzuschließen. Ehrgeiziger darin, Karten zu erstellen und Marschrichtungen festzulegen, als den Plan 1:1 umzusetzen. Der Traum ist mein Ausweichmanöver, ein sich nie erfüllendes Versprechen.

Aber heute Abend will ich die Vorzeichen umkehren, will verwegen und sonderbar sein. Lasst uns tanzen, Blicke tauschen, in Hinterzimmern im Dunkeln sitzen und uns in den Nacken küssen. Alles tun, was wir wollen, und nicht fürchten, dass etwas nach draußen dringt.

Warum nur immer gleich an Rückzug denken, wenn das Licht ausgeht? Hätte sich Fitzgerald etwa Busverbindungen rausgesucht, während die anderen Walzer tanzen? Kommt her, schaut in den Spiegel und hebt die Brust. Zum harmlosen Niemand könnt ihr morgen wieder werden.

Von allem, was stört, von allem, was gegen den Sinn und das Begehren spricht, ist das frühzeitige Maskenabnehmen das Allerschlimmste. Ein paar Ignoranten tun das schon nach wenigen Schritten durch den Saal, nur um sich über die Stirn zu wischen oder im Augenwinkel zu kratzen. Sie fürchten sich vor dem Schleier, dem versteckten Blick.

Aber ich, der ich alles unternehmen will, um das schlafende Lied wieder zu wecken, behalte die Lust aufs Geheime und daher die Maske auf. Denn das ist mein Abend. Und kein mittelmäßiger Elektro-DJ, kein schwuler Autohändler auf Männersuche, nicht mal ein müder Fernsehstar, der meint, seine Drinks nur mit seinem Gesicht bezahlen zu können, wird mich daran hindern.

In der vorderen Ecke steht eine Palme, rot angeleuchtet wie zur Erinnerung an das Haus im Süden, die *casa* in einer spanischen Seitenstraße, wo morgens noch Eselskarren gegen die Bordsteinkante donnerten und abends auf der Dachterrasse getrunken wurde, bis die Sterne fielen. Im Innenhof damals stand eine Palme, ihre Wurzeln waren unter das ganze Haus gekrochen, in die Kanalisation und den Brunnen, hatten die Fliesen hochgehoben und die Fassade splittern lassen. Eines Nachmittags kam ein großer, dunkelhäutiger Mann, ein *Palmista* mit drei Motorsägen und einem Krummmesser – und zerschnitt das edle Baumgetüm in immer kleinere Teile, bis nur noch ein letzter Stumpf übrig war, auf dem die Zivilisation mit einem Glas Rioja gefeiert wurde. Lang schon verkauft, vergessen das Haus. Aber die Palme geht mir nicht aus dem Sinn, ihr wilder Wuchs und ihre große Freude an der mörderischen Umarmung.

Die Palme hier im Saal ist eine sehr kleine Schwester. Schüchtern steht sie in der Ecke, lässt sich von den Gästen betasten. Aber ihre Äste bewegen sich dabei nicht. Umarmungen bedeuten ihr nichts.

Auf der Bühne beginnt jetzt die Revue. Eine Burlesque-Tänzerin tritt vor einen Halbkreis verkleideter Illuminaten. Im echten Leben ist sie Bankkauffrau in einer Vorstadtfiliale, aber heute Abend zieht sie sich die Rüschen vom Leib. Gut einstudiert hat sie alles, beim letzten Ton fällt ihr letztes Hemd. Dabei steht ihr die Verachtung ins Gesicht geschrieben, geht ihr aufreizender Blick zur Decke. Eine Salomé sähe anders aus. Wo ist der abgeschnittene Kopf, wo die Blutgier, die Schrecken der Lust? Ihre Haut, die ich beim Vorbeigehen mit der Fingerkuppe streife, ist kalt. Die Rache der Befingerten: jedes Glühen mit einem Schauer zum Ersticken bringen. Jedem Verehrer zu verstehen geben, dass ein anderer ebenso gut wäre.

Über dem Eingang zum Keller, wo sich sonst die Bierkästen stapeln, sitzt in einer Luke ein barbusiges junges Mädchen und fotografiert. Sie antwortet nicht auf Rufe, lässt niemanden an sich heran. Ein maliziöses Orakel, eine falsche Loreley? Jedenfalls bleibt sie den ganzen Abend dort, auch später, wenn die Bässe verstummt sind und die Polizei alles Zauberpulver konfisziert hat.

Ein breitschultriger Junge mit Hosenträgern macht eine Ansage, spricht mit italienischem, russischem, griechischem Akzent. Lädt ein zur Feier mit den Geistern von damals und den Dämonen von heute. Seine Freundin kommt aus Madrid, hat trauertragende Dunkelaugen und einen Bubischnitt. Wenn sie spricht, spricht sie lange. Gemeinsam steigen wir in den Keller hinunter, während ihr Freund oben trinkt und kokst. Später sehe ich, wie er die Treppe heruntersteigt, um zu beobachten, wie ich sie begehre. Woher kommt diese klammheimliche, böse und doch unendlich erregende männliche Phantasie, die eigene Geliebte in den Armen eines Fremden zu sehen? Genau zu verfolgen, wie sie sich ihm hingibt, wie sie die Arme um seinen Hals legt, ihre Beine sich um seine Hüfte schlingen und sie ihren Atem an sein Ohr schlagen lässt.

Oben spielt der russische DJ Elektro-Sets ohne Sinn für Ort und Zeit. Seine Musik ist zu anspruchsvoll. Die ewig verpoppten Gäste wollen ABBA und nicht James Blake. Eine junge Adlige mit schönen Augen fordert einen Mann mit Fuchsmaske, der in einer Nacht im letzten Jahr mit ihr schlief und dann die Tür hinter ihr zuzog, zum Armdrücken heraus. Lieber würde sie ihm ins Gesicht schlagen, ohne Vorwarnung, direkt aufs Nasenbein. Aber dafür ist es noch zu früh. In ein paar Stunden wird sie sich an ihm rächen: Sie wird darauf achten, dass er sie stöhnen hört, wenn sie einen vollbärtigen Musiker auf dem Tresen liebt. Sie wird, in dem Moment, wo der sich in Wollust die Hose öffnet, mit einem genüsslichen Seitenblick feststellen, dass der Mann mit Fuchsmaske jetzt besiegt ist, das Gift der Eifersucht gewirkt hat. Gedemütigt wird er dann auf die Straße taumeln, um für einen Moment den Himmel zu sehen.

Draußen vor den heruntergelassenen Rollläden hat eine trauernde Witwe ein Schild abgestellt, auf dem in schüchternen weißen Buchstaben der Name ihres verstorbenen Ehemanns gedruckt ist. Sie weiß, dass er gerne dort an der Bar gestanden hätte, mitten im Trubel, im zuckenden Licht. Er wäre ganz ruhig gewesen und hätte beobachtet, die Augenbrauen leicht nach oben gezogen und die Lippen geschürzt. Er hätte an Buñuel gedacht und an Visconti und wie viel Zeit ihm noch bliebe. Er war Filmkritiker bei einer großen Zeitung. Er lief oft im Mittelgang eines Kinos hin und her und konnte sich nicht für eine Reihe entscheiden. Einmal habe ich bei einer Geburtstagsfeier bei ihm zu Hause gekellnert, ich war vierzehn und seine Tochter zwölf. Wir haben uns auf dem Balkon auf die Lippen gebissen, und später las ich in der Zeitung von seinem Tod. Es gibt nicht viele Menschen, deren Blick auf die Welt man vermisst. Er war einer davon.

Zurück im Keller, unten, wo auf einem alten Schild »Erstickungsgefahr« steht, sind die Spinde für die Kellner mit rotem Samt verhängt. Die Kühltruhen dröhnen. Davor wird an einer langen Tafel Roulette gespielt. Kein Geburtsdatum wird überprüft, kein Kontostand. In der hinteren Ecke steht ein junger Schriftsteller aus Österreich und sagt Fürbitten auf, die er für seinen Patensohn geschrieben hat. Er ist morgen zu dessen Taufe eingeladen. Sein Blick schweift angewidert über die

Spieler, die sich starr vor Begierde über den Tisch beugen. Die Kugel kreist – *rien ne va plus*. Der Croupier ist ein Altorientalist aus Wales, keine Farbe im Gesicht, aber gewöhnt an pralle Nächte. Sein Lieblingsfilm ist *Schöner Gigolo, armer Gigolo* mit Marlene Dietrich und David Bowie. Zwei Königskinder, die nie zueinanderkamen – das Wasser war viel zu tief. Telefoniert haben sie ein paarmal, aber Marlene wollte David nicht sehen. Ihn, der den Hauch, das strenge Parfüm einer neuen Zeit an sich trug. Er wollte mit einem Helikopter zu ihr kommen. Einem Helikopter – dafür hatte sie ihr Leben nicht auf Klavierrücken verbracht, um von einem halben Mann in einem Helikopter abgeholt zu werden.

Die Freundin des Jungen mit den Hosenträgern sehnt sich nach Fallada, dem kleinen Mann und seiner brennenden Frage: »Was nun?« Nach einem Ballhaus mit zehntausend Lampions. Hosenträger allein reichen ihr nicht mehr. Es müsste schon Leuchtreklameschilder geben und Tische mit seidenen Vorhängen. Per Knopfdruck einschaltbare Signallampen, die entweder »Keine Störung« anzeigen oder »Tanzanfragen erwünscht«. Was ihr hier fehlt, sind nicht nur die Champagner-Springbrunnen und Rollmops-Pyramiden. Vor allem denkt sie an die Tischtelefone, von denen bei Fallada die Rede ist. Mit denen konnte man jeden im Saal anrufen. Konnte drohen, verführen, anspitzen. *Und wenn man nicht sprechen will, kann man einen Brief schrei-*

ben und ihn per Rohrpost schicken. 1979 wurde das Resi weggesprengt. Stattdessen kann man hier heute bei Lidl einkaufen.

Die Hübsche mit dem Bubikopf, die da unten steht und von Rohrpostanlagen schwärmt, hat ihren Tinderaccount letzten Monat gelöscht. Den Zufall wolle sie zurückgewinnen. Die Lust wieder verspüren, überrascht zu werden. Dem Hosenträger würde sie heute zeigen, was er alles verpasst. »Einmal, einmal nur ihn eifersüchtig wissen. Einmal nur seinen ängstlichen Blick von der Seite spüren. In seinem Gesicht den Zweifel sehen. Nur einmal.«

Sein Mund klebt gerade gierig an fremden Lippen. Ein Mann ohne Sinn für die Frage: »Was nun?« Um sich vor ihr groß zu fühlen, unwiderstehlich und wild, muss er bei anderen grapschen gehen. Muss an einem unbekannten Hals züngeln und seine Hände in schwitzige Unterhosen von X-Beliebigen schieben. »Ich bin ein Mann, was wollt ihr mehr/wer's sagen kann, der springe.« Die ersten Zeilen von Schillers Rabaukengedicht hat er immer parat, wenn es darum geht, sein Verlangen zu rechtfertigen.

Früher, da war er das große Versprechen auf Ausbruch. Der Traum von endlosen Abenden im Süden. Einer, der ihre Sommersprossen zählen und sie vor Mücken beschützen, der mit ihr in den Sonnenaufgang hineinsegeln und nie von dünneren Mädchen sprechen würde. Die Hosenträger hatten sie zusammen ausgesucht, in einem Berufsbekleidungsgeschäft im Hafenviertel von Athen. Später, auf der Fähre nach Ikaria, wären sie fast über Bord gegangen, so heftig hatten sie sich geliebt. Übrig geblieben ist nicht viel. Ein paar heftige Wortwechsel vielleicht und ein erstes graues Haar in der Ohrmuschel. Von schwarzweißen Familienfotos hatte sie geträumt und von einer Hochzeitsnacht im Baumhaus. Aber jetzt knutscht er oben schon seit Stunden mit der vollbusigen Adligen. Das Yogatraining morgens auf dem Teppichboden der Altbauwohnung (die nicht ihm, sondern seiner Mutter gehörte), das gemeinsame Schwitzen und Keuchen hat ihrem Liebesleben nicht gutgetan. Und die gemeinsame Zahnpastatube auch nicht.

Am Roulettetisch treffen sich die Glücklosen. Was sie in der Liebe verfehlen, muss doch wenigstens im Spiel zu finden sein. Sie setzen alles auf Schwarz, ihre Farbe der Hoffnung. Mein Arm sucht nach einer weiblichen Hüfte. Evolutionsbiologisch ist das schon so angelegt: Ein Affenbaby kann ohne Anstrengung auf dem Hüftknochen der Schimpansenmutter abgesetzt werden, damit sie die Hände für die Futtersuche frei hat.

Und nicht einmal Eifersucht ist ein rein menschliches Gefühl: Der Rhinozeroshornvogel, einer der größten Hornvögel der südostasiatischen Regenwälder, der sich von Früchten und Großinsekten ernährt, benutzt seinen überproportionierten Schnabel vor allem dafür, sein schwangeres Weibchen vor der Eiablage in einer Nisthöhle einzumauern. Offen bleibt nur ein kleiner Spalt zum Füttern, auf diese Weise sind die Weibchen vollkommen von der Außenwelt abgeschnitten. In ihren vier Baumwänden eingesperrt, fristen sie ein trübes Dasein. Erst wenn die Jungen flügge sind und das Weibchen fertiggemausert hat, wird der Nisthöhlen-Eingang wieder geöffnet. Stirbt das Männchen in der Zwischenzeit, verhungern Weibchen und Jungvögel...

Endlich findet mein Arm die Hüfte der Fallada-Liebhaberin. Endlich ein Halt an diesem verhaltenen Abend. Im Kino habe ich ihn so oft gehört wie im Leben wieder vergessen: Den einen Satz, der alles sagt und klarmacht. Der beruhigend klingt und gleichzeitig gefährlich, unumwunden und doch diskret, der von »deinem Lachen« spricht oder vom »Glanz in deinen Augen«. Jedenfalls ist es meist nur ein Satz, ein Hauptsatz ohne Abzweigungen, der zwischen dem ersten Blick und dem ersten Kuss liegt. Nur wer mit Tempo über den schmalen Grat der ersten Begegnung läuft, hat eine Chance.

Ich frage sie nach Wollust. Nach den Worten, Gerüchen, Farben, die sie damit verbindet. Nach Bildern. Lächelnd schiebt sie sich meinen Arm von der Hüfte und beginnt zu erzählen. Von Spanien, vom Stierkampf und einem Lavendelfeld unter Sternen. Wollust sei für sie der federnde Schritt beim Gang hinunter zum See, wenn beide schon wissen, dass gleich alle Kleider und Hemmungen fallen. Wollust sei der Sprung in das dunkle Wasser, die erste Berührung unter der Oberfläche, das leise Flüstern, nah am Ohr vorbei, sagt sie. Sich ihr zu widersetzen sei aussichtslos.

Sie lächelt verwegen. Ist das ein Angebot? Eine Aufforderung weiterzumachen? »Und du?«, fragt sie. Ich erzähle von Rodin, der Bronzestatue in Paris, von jenem nackten Mädchen, das sich die Haare zusammensteckt. Beide Arme über dem Kopf verschränkt, den Rücken durch-, die Brüste nach vorne gestreckt. Ihre Augen sind geschlossen. Sie träumt von einer innigen, festen Umarmung, die aus dem Nichts kommt und ins Nichts geht. Sie hat Sehnsucht nach dem Kleist'schen »Ach«. Schwärmt noch voller Unschuld und weiß nichts von Freud und seinen Entzauberungen.

Ich lege den Arm um sie und den Kopf in den Nacken. Früher habe ich immer das Hemd weit aufgeknöpft und gehofft, ich sähe aus wie James Dean. Wie er da in *Giganten* auf dem staubigen Wüstenweg steht, betrunken, vom eigenen Leben angeekelt, die Zukunft zerschlagen, das Ende absehbar. Und dann wird sein Hemd vom Wind aufgeknöpft. Das ist auch Wollust, sage ich: die schweißüberströmte, schmutzige Brust eines schönen Mannes. Schweiß als ein echtes Versprechen, kein Kunstprodukt aus dem Sportstudio.

Sie wendet sich mit einem Lächeln ab, verschwindet auf der Gästetoilette. Ich bleibe zurück und mache mir Mut: Das ist doch die Intimität, nach der ich mich sehne, mein Wunsch nach freier Lust in greifbarer Nähe.

Das Bett ist doch der letzte Ort, an dem man keinen Vorschriften folgen, keine Bedingungen stellen muss, sich hin- und aufgeben kann, bis die Kirchenglocken läuten und das Krustenbrot mit dem weichen Ziegenkäse vor der Tür steht. Jeanne Moreau, die Zigarette danach – was waren das für Siegeszeichen aus einer Welt, die sicher sein konnte, dass nur die Sonne Zeuge war und sonst niemand.

»Was fehlt Ihnen?«, wurde Beckett einmal gefragt. »Das Schöne«, soll er geantwortet haben.

Aber zu einem Journalisten, mit dem er an einem sonnigen Spätsommertag durch den Hyde Park spazierte und der entzückt vom Augenblick ausrief, wie schön doch der Tag und was für eine Freude es sei, gerade jetzt zu leben, soll er gesagt haben: »Nein, Sir, so weit würde ich nicht gehen.«

Zwischen Schönheit und Verzweiflung liegt nur ein Wort: Wollust. Man kann sie nicht provozieren, es nützt nichts, den Badewannenrand mit Teelichtern zu schmücken und Lavendelblüten herabrieseln zu lassen. Auch das Nacktsein ruft sie nicht hervor. Schöne Brüste können kalt sein. Und starke Arme sich dumpf anfühlen. Wer mit Absicht nach Wollust sucht, wird sie nicht finden. Der wird sich höchstens mit ein bisschen Gier, ein bisschen Trieb zufriedengeben müssen. Unter die Dusche, wo sich in den betrunkenen Morgenstunden vier freundliche Fremde aneinanderreiben, kommt sie nicht. Und auch nicht hinter die Palmen oder DJ-Pulte. An den Roulettetisch schon gar nicht.

Aber dann am Ende, als alle gegangen, alle Maskenbänder zerrissen sind, streicht mir jemand oben auf der Tischpyramide im Hinterzimmer mit warmer Hand über den Rücken. Das Mädchen vom Einlass hinter dem Milchglasfenster hat auf mich gewartet, eine fremde Seele im dunklen Wald. Zwei, die noch einmal davongekommen sind, liegen jetzt neben zerbrochenen Rotweingläsern beieinander. Längst waren alle Träume schon wieder geplatzt. Aber dann ist sie durch die Tür getreten, hat das Licht ausgemacht und die Scham vertrieben. Wen die Wollust findet, dem helfen kein Samt mehr und keine Südseefrüchte, der muss sich wehrlos abführen lassen. So schnell lässt sie einen nicht wieder los. Egal, wie oft oben das Telefon klingelt, egal, wie heftig die Zweige gegen das Fenster schlagen.

VII
IRA

‡

‡

DER ZORN HAT SCHMUTZ unter den Fingernägeln. Er kratzt am Lack, an der Oberfläche, kratzt und reißt so lange herum, bis die Haut offen ist und die Nerven blitzend und blank daliegen. Am Steintisch sitzen und Karten spielen? Das ist ein Bild für spätere Tage. Vorher, mit fünfundzwanzig oder sechsundzwanzig oder siebenundzwanzig, muss man den Mund aufreißen, sonst bleibt er später für immer trocken und die Karten werden niemals neu gemischt.

Im Auto neben mir sitzt der, in dem ich mich spiegle. Kein Freund, kein Fremder. Ein Mensch dazwischen. Der Handschlag ist gefällig geworden mit der Zeit. Er sieht mir nur kurz in die Augen und dann gleich am Kopf vorbei in die Ferne, er ist noch nicht ganz da oder schon einen Schritt weiter, bei der nächsten Aufgabe, dem nächsten Geschäft. Das Lenkrad hält er wie ein Jungunternehmer, mit einer Hand, während der linke Arm lässig aus dem offenen Fenster hängt.

Autos sind keine Ansichtssache. Immer schon dreckig, immer viel zu groß, und nie ein Parkplatz in der

Nähe. Duftbäumchen schaukeln am Rückspiegel wie eklige Verräter. Die Rückenlehne zu weit hinten, das Polster glüht, und die Anschnallzeichen klingeln im Sekundentakt. Getankt werden muss auch noch. Und im Kofferraum ist wieder die Milch ausgelaufen. Nur für breitbeinige Altherren bietet es noch Zuflucht. Die sich gegängelt, eingeengt, kastriert fühlen von den Umständen, unter denen sie leben. Die Verhältnisse sind andere, schlechtere geworden. Sekretärinnen auch nicht mehr das, was sie einmal waren. Nur hinter dem Lenkrad gehört die Welt noch denjenigen, die sie einst erobert haben.

Wir haben die Taschen voll. Wir teilen Autos und Ansichten, wollen nie besitzen, hasten von einer Verspätung zur nächsten – immer entschuldigt, immer kurz vorher einen Zweizeiler abgeschickt –, wir hatten immer schon das Gefühl, auf der richtigen Seite zu stehen, und werden nie verstehen, wie wichtig es ist, erst einmal das Falsche zu tun. Mit vollen Segeln in die verkehrte Richtung zu steuern, gegen den Strom, gegen den Wind.

Das ist unser Unglück. Dass wir nie gewusst haben werden, wie der Tag beginnt, wenn kein Birchermüesli auf dem Tisch steht. Wenn wir niemandem gefallen wollen. Und nirgendwo jemand Tabak hat, den man selbst rollen kann, um der Welt zu beweisen, wie *basic* man lebt. Naturnahes Rauchen heißt jetzt im Schneidersitz hocken und knittrige Blättchen belecken. Von Marlboro-Cowboys ohne Sattel will niemand mehr etwas wissen. Ihre Lassos hängen verstaubt im Stall, während sie ihre elektronischen Sprechhilfen am Kehlkopf zum Schwingen bringen.

Als wir uns das erste Mal trafen, an einem Nachmittag unter der Woche in einem Café, war die Spannung groß. Er redete schnell und viel, wir träumten auf der Stelle zusammen. Oder vielmehr: Taten so, als ob wir träumten. Von einem ehrlichen, entzündeten Leben. Von Zeit. Viel Zeit, die wir gemeinsam nutzen würden, um an einem Entwurf zu arbeiten, einem Manifest. Daraus ist nie etwas geworden. Nicht mal ein paar Zeilen in doppelter Schriftgröße. Stattdessen viele Abende, an denen anderes wichtiger war. Wir veranstalteten Salons und Feste, luden Freunde ein, stellten uns gegenseitig vor, redeten herum, tranken fremde Gläser leer. Am Ende, wenn jeder wieder unter seinem frisch gewaschenen Bettzeug lag, schickten wir uns eine kurze Nachricht. Versicherten uns gegenseitig, dass das Eigentliche noch vor uns läge und bald die richtige Arbeit anfangen müsse. »Die Zeit braucht uns«, schrieb er mir einmal, »wer, wenn nicht wir?« Und ich antwortete ihm wie Schiller an Goethe: »Die letzten Gefährten auf einer langen Reise, haben sich immer am meisten zu sagen.« Nur, dass er immer mit seinem Nachnamen unterschrieb, kränkte mich.

Währenddessen stellten die anderen ihre Bücher vor. Lasen bei Verlagsempfängen im Abendrot auf der Dachterrasse. Beschrieben ihren Alltag, ihre Symptomschmerzen, ihr Leiden an der Zeit und ihre falsche Genossenschaft. Kriegten sich gar nicht mehr ein, weil sie ihre eigenen Texte so lustig fanden und kichern mussten bei jedem Wort, jeder Silbe. Im Grunde ist alles einerlei. Alles sowieso schon lange abgesichert durch das Panzerglas der Ironie. Wir warfen uns bei solchen Lesungen oft einen kurzen Blick zu in der Überzeugung, dass unser Wort schwerer wiegen würde. Aber geschrieben haben wir auch in jenen Nächten nie. Nur wieder die eine Nachricht, das Versprechen: später mehr.

Jetzt sitzt er im Auto, gemietet – was sonst. Er fährt, und die Uhr läuft mit. Das nahe Ende ist immer in Sicht, ein Abzweig nach Rom, ein tatsächlicher Ausbruch, kommt wieder nicht dazwischen. Auch dieses Gespräch wird frei von entscheidenden Wendungen bleiben. Nach Erschütterungen suchen wollten wir, nach dem, wofür sich zu streiten lohnt. Aber jetzt erzählt er mir von der Hochzeit seines besten Freundes, zu der er vor kurzem als Trauzeuge geladen war. Eine lange Rede hatte er für ihn geschrieben, sie sogar ein paarmal vor dem Spiegel geübt. Und dann, am Abend nach der Trauung, beim Essen, als er sie vortragen wollte, war das Ehepaar von den Kindern in Beschlag genommen worden, hatte sich immer wieder ins Nebenzimmer verabschiedet zum Playmobilspielen und Luftschlangenzählen. Nach der Nachspeise hätte er den letzten Versuch gemacht, aber dann sei das Licht ausgefallen, und die Gäste hatten im Mondlicht zu Britney Spears getanzt. Die Rede, das Manuskript, habe er dann schließlich an der Garderobe abgegeben, zusammen mit einem Klebezettel: *Alles Gute und auf bald.*

Kinderkriegen alleine reicht nicht. Man muss sich auch ein Leben dazuerfinden. Sonst bleibt das Kind nur ein goldenes Kalb, um das die Eltern tanzen wie wild. Sagt er und atmet laut.

Ich höre zu. Ich pflichte bei. Auf die Gegenseite können wir uns immer schnell einigen. Nur den eigenen Entwurf, den zögern wir noch bis auf weiteres hinaus. Vielleicht braucht es auch gar keine Utopien mehr. Ist ein Leben ohne Zukunftssehnsucht auch möglich. Nicht nur möglich, sondern sogar sinnvoll? Endlich mal den Deckel zumachen und den Topf vom Herd nehmen. Hat lange genug gekocht, das alte Süppchen Ideologie ... Wie er so redet, wie er die Sätze formt, als könnten sie auch alles ganz anders meinen, als wären sie austauschbar und ohne tiefere Bedeutung, spüre ich wieder den Zweifel in mir hochkriechen. Den Zweifel an ihm. Und damit an mir. Denn er ist zu meinem Spiegel geworden über die Zeit. Ich habe in ihm gesehen, was zählt. Oder besser: Was ich für zählenswert hielt.

Einmal, an einem Sommerabend auf dem Balkon, bei der Abschiedsparty einer gemeinsamen Freundin, stellte sich ein junger Mann aus Syrien zu uns. Elektrotechniker mit Zertifikaten, ein Jahr in Deutschland und schon einen echten Witz in petto: »Von der Wiege bis zur Bahre, Formulare, Formulare.« Die Behörden wollten seine Qualifikationen nicht anerkennen, und so musste er, der in seiner Heimat Chef seines Unternehmens gewesen war, als Lehrling von vorne anfangen. Seine Eltern und seine Frau hatte er in der Nacht seiner Flucht, vom Kugelhagel zerfetzt, zurücklassen müssen. Ohne einen letzten Blick in ihre Gesichter, kein Abschiednehmen, keine Rache. Nur noch weg, fort in die Fremde. Und da stand er nun und konnte nicht anders, er musste erzählen, voller Schrecken, aber im sanften Tonfall. Ein Gedicht las er uns vor, erst auf Arabisch, dann auf Deutsch. Und wir tranken Bier, standen daneben und wussten nicht weiter. Suchten nach Halt im Blick des anderen. Dafür habe ich ihn bewundert und geliebt, dass er in diesem Moment nicht eilfertig bedauerte, kein dahergelaufenes mitleidiges Wort an ihn richtete, an ihn, nach dessen Erzählung uns jeder Witz im Halse steckenbleiben würde. Er zog lediglich die Hände aus den Hosentaschen, so als müsste man Haltung annehmen vor diesem Mann, der sein Schicksal so stolz trägt wie andere ihre Dienstabzeichen.

Es waren immer nur Augenblicke, in denen ich Vertrauen zu ihm spürte. Achtung mitunter sogar. Ich mochte seine Art des Redens, immer etwas zu schnell, immer ein wenig rau, wie um zu zeigen, dass nichts damit bewiesen werden müsste. Er trumpfte nie auf mit Sätzen. Nie benutzte er Wörter, die zu groß für ihn schienen oder nur ausgeliehen. Die Autos mietete er sich, aber die Wörter wollte er besitzen. Ich mochte ihn, weil er mit Dingen angab, die bei anderen längst schon alle Bedeutung verloren hatten. Mit Sport zum Beispiel, seinen Erfolgen als Boxer, seiner harten Rechten. Dass ihn immer wieder ungefragt Wettbewerbseinladungen erreichten, erzählte er so stolz wie manche Lektoren, die damit angeben, wie viele unangeforderte Manuskripte sie täglich zugeschickt bekommen.

Oder mit seiner Leidenschaft für Frauen. Immer wenn ich ihn traf, hatte er sich gerade mit seiner russischen Freundin gestritten, die ihn des Betrugs verdächtigte, seine Sachen aus dem Fenster schmiss oder Hals über Kopf abreiste. Oft passierte es, dass sie ihn anrief und so laut anschrie, dass alle Umstehenden es hörten. Dann nahm ich ihm manchmal das Telefon aus der Hand und redete beruhigend auf sie ein, wie auf ein kleines Kind, das alleine zu Hause gelassen worden und gerade aufgewacht war.

Ich bin mir sicher, dass er sie betrogen hat. Aber ich habe immer meine schützende Hand über ihn gehalten. Weil ich wusste, dass er sie nicht eigentlich betrügen, sondern nur sich selbst als Abenteurer sehen wollte. Diese katholische Abkürzung nahm ich mit ihm zusammen. Andere hätten es Machismo genannt, ich dachte an *Der letzte Tango von Paris*. In einem waren wir uns immer einig: Dass die Welt, so wie sie war, mehr Zauber gebrauchen könnte. Verzauberung sollte eines unserer Schlagwörter sein, am besten schon im ersten Absatz vorkommen. Marinetti hatte geschrieben, »ein aufheulendes Auto, das auf Kartätschen zu laufen scheint, ist schöner als die Nike von Samothrake«. Wir würden dementgegen wieder von der Schönheit der strahlenden Lichtungen schreiben, hatte ich gehofft, von der Notwendigkeit, herauszutreten aus dem düsteren Datendickicht, in dem niemand mehr weiß, was Anfangen heißt.

Aber meine Hoffnung war irgendwann verlorengegangen. Nach einem letzten Abendessen mit ihm, bei dem wie immer viel und groß geredet wurde, hatte mich der Zweifel beschlichen, ob er der Richtige sei, um die Dinge ins Rollen zu bringen.

Und jetzt sitzen wir im Auto, und er redet davon, wie viel er am Vorabend getrunken hat, wie viel Promille wohl noch in seinem Blut seien. Und irgendwie kommen wir auf das Ganze zu sprechen. Und er macht plötzlich eine abfällige Bemerkung über meine Versuche, das Ungenügen in Worte zu fassen, sagt in etwa: »Immer nur Revolution – du wiederholst dich, und es hat keine Folgen, du musst dich mehr reinknien, sonst wird nichts daraus.« Er sagt das mit einer solchen Abgeklärtheit, mit so viel Gift, dass ich am liebsten den Scheibenwischer von der Windschutzscheibe reißen und ihm in den Hals stecken würde. Mir rauscht der Kopf, und ich fordere ihn auf, an die Seite zu fahren.

Es reicht manchmal ein falsches Wort, ein falscher Satz, um für immer das Vertrauen zu verlieren. Nachts um halb drei im Halbschlaf kann über ein Leben entschieden werden. Ein unvorsichtiges Geständnis, ein falscher Name am falschen Ort zur falschen Zeit, und schon ist der Weg, der eben noch freie Fahrt versprach, auf ewig versperrt. Der Zorn, der einen anfällt, der sich hervorschleicht aus dem tiefsten Inneren und hineinwühlt in alle Fasern der Empfindung. Wenn er erst einmal da ist, gerufen wurde, ist er nur noch schwer in den Griff zu bekommen.

Eigentlich ist Zorn ja ein Gefühl aus einer anderen Zeit. Zornig klingt nach Comicstrip oder Familienvätern der fünfziger Jahre. Vom Zorn Gottes hat sowieso schon lange niemand mehr gesprochen. Das Neue Testament passe besser in unsere Zeit, hat neulich ein evangelischer Pfarrer gepredigt. So als könnte man das Abgründige einfach eingemeinden in die Ländereien der dumpfen Zufriedenheit, in denen die Fahnen immer auf Halbmast wehen, ohne dass einer sagen könnte, worüber man trauert.

Der Zornige ist ein Kranker geworden. Ein Radikaler, der den wohligen Gemütszustand der Menge gefährdet. Nie war das Einverständnis ein so hoher Wert wie heute.

In Athen und Rom, auf den weiten Plätzen, war der Zorn eines jungen Redners die Feuerprobe auf seinen Charakter. Wer nicht wenigstens einmal von Zorn geschüttelt vor ihnen stand, sich seine Kleider zerriss und die Hacken scharf in den Boden rammte, den betrachteten die Griechen und Römer als eitlen Blender und Taugenichts. Heute gilt das Gegenteil: Wer zürnt, gilt als Chaot. Wer von Wut spricht, gerät unter Verdacht, wird zum Antidemokraten abgestempelt. So zweifellos gültig ist uns das Gegebene geworden, so harmoniesüchtig sind wir, dass jeder zu impulsive Gedanke uns gefährlich erscheint. Das Ideal des Widerstandes ist verkommen zur fadenscheinigen Geste.

Als Stefan Zweig – 1940 in Brasilien auf der Schriftstellerkonferenz – von den angereisten Journalisten bedrängt wurde, sich zu äußern, ein Pamphlet gegen Hitlerdeutschland zu verfassen, weigerte er sich. Er, der Jude, der vertrieben und gedemütigt worden war, hinausgetrieben und verraten, erwiderte: »Meine Herren, ich kann nicht gegen etwas schreiben, sondern nur für etwas.« Zweig sprach von der Nutzlosigkeit eines Widerstandes, der nur in einem Milieu der Ähnlichen stattfindet. In einer Situation, wo alle von vornherein einer Meinung sind, sei der Aufruf zum Widerstand sinnlos, denn er zeige keine Wirkung. Nur da, wo man in der Minderheit sei und die Parolen der anderen lauter tönten, nur da sei Widerstand eine heroische Tat.

Jetzt ist das Auto geparkt, und wir gehen unter hohen Buchen eine Weile nebeneinander her. Der Weg ist von Pfützen zerfurcht und die Luft schwer vom Regen. Es ist nicht mal ein Regen, nur ein tumbes Tröpfeln von den Blättern. Tropfen, Tropfen, immer nur Tropfen.

Wenn früher jemand in der Schulpause meine Mutter beleidigte, habe ich ihm immer gleich auf den Mund geschlagen. Eine kleine Gehässigkeit reichte aus, um mich zu provozieren. Im Grunde wartete ich nur auf eine Gelegenheit, um meinen Mut unter Beweis zu stellen, meine Kämpfermoral in Szene zu setzen. Dass andere sahen, wie ich die Ehre meiner Mutter verteidigte, war mir immer sehr wichtig. Meine heroische Tat brauchte Zuschauer. Wunden hatten für mich nur Sinn, wenn ich sie jemandem zeigen konnte.

Aber heute, jetzt, in dieser verregneten Atempause, fehlt mir der Antrieb, kann ich nicht mal den Kopf gerade nach oben richten. Dabei gibt es eigentlich keine größere Beleidigung gegen mich, als dieses »mehr reinknien«, diese beiläufige Bemerkung aus einem verkniffenen Mund, die alles, woran ich glaube, was ich fühle und denke und wofür ich händeringend nach Ausdruck suche, in Frage, nein, gleich ins Abseits stellt. Jedes

Wort, das ich an ihn gerichtet habe, fühlt sich im Rückblick an wie eine Entblößung wider Willen. Das Wichtigste war ja stets gewesen, dass wir uns schützend vor das Pathos des anderen stellten. Es gegen alle Skeptiker verteidigten, Rücken an Rücken. Das war unsere Abmachung: dass man sich gemeinsam verlieren und in der Emphase einigeln durfte. Und nun?

Ich will ihn anbrüllen, ihm meine Enttäuschung vor die Füße werfen, den Rucksack von der Schulter reißen und in die Kniekehle treten: du, der du dir Autos und Ansichten teilst mit der Welt, der du knapp drüber bist und in Wahrheit gerne schon Kinder hättest, du denkst doch nur noch an warme Badewannen und Urlaub am Meer. Du, der du vorgibst, in deiner Freizeit Boxer zu sein, nur um dich im echten Leben dem Kampf nicht zu stellen. Bist du am Ende auch nur einer von denen, die sich mit den ausgetretenen Pfaden begnügen? Wolltest du nicht eine eigene Sprache erfinden, mit neuen Begriffen und Tonlagen? Stattdessen verbringst du die Wochenenden in Pools von ehemaligen Staatssekretären und druckst Menükarten für dein nächstes Geburtstagsfest. »Wer von Narrativen redet, kann sich gleich schlafen legen«, hast du mal gesagt. Und, dass »die Zeit der Unterkühlten« schon bald vorbei sein werde. Es ging dir um Sinn, um Wirkung, um Macht. Davon ist nichts mehr übrig geblieben. Deine Kraft ist ausgelaufen wie Öl aus einem rostigen Blechkanister.

Bleib du also unbeirrt auf deinem Weg, sprich mit deiner Freundin, so als wäre sie ein Kind, und erzähle aller Welt, du würdest an etwas Größerem arbeiten. Lass dir weiter die Augen verbinden und trink fremde Gläser aus. Dagegen sein kannst du immer. Und das Dafür hebst du dir eben für später auf. So würde ich gerne brüllen – aber ich schweige und strecke den Rücken durch.

Vielleicht hat er ja doch recht. Vielleicht ist Träumen irgendwann nicht mehr genug. Wenn alles Staunen aufgebraucht ist, bleibt nur das Rechthaben übrig. Dann lassen sich auch Gefühle widerlegen.

Er setzt sich auf eine vollgesprühte Parkbank und schlägt die Beine übereinander. Alle Kraft ist aus seinen Zügen gewichen. Jede Anziehung hat sich aufgelöst. Übrig geblieben ist einer, dem ich nicht einmal mehr die linke Hand geben möchte. An dem ich vorbeischaue wie an einem Passanten an der Bushaltestelle. Ich habe mich in ihm getäuscht, bin auf ihn reingefallen wie auf die goldgerahmte Anzeige in einem Reisekatalog.

Ich gehe alleine weiter, kehre ihm den geraden Rücken zu. Es war mal meiner. Jetzt ist er keiner mehr.

Ich mache den Weg zu meinem eigenen und lasse mich von den Füßen tragen. Die Stadt ist leer geworden, in den Geschäften blinken nur noch die Werbelichter. Am Ende wird die Zeit doch der Sieger sein.

Denn sie läuft immer weiter. Auch wenn uns alle der Schlaf übermannt – sie kommt ans Ziel. Lässt die Geträumten zurück in ihrem Kummer darüber, dass jeder von uns aus zweien besteht – wie es bei Marivaux heißt – »aus einem, der sich zeigt, und einem, der sich verbirgt«.

Der Zweifel sitzt mir von nun an auf der Schulter, krallt sich fest. Wacht darüber, dass ich nicht zurückfalle in das Stadium der Unbekümmertheit, nicht noch einmal voller Genugtuung sage: Ich bin zu jung! Für meine Hoffnungen will ich mich trotzdem nicht entschuldigen. Noch nicht. Bis ich dreißig bin, darf ich reden und planen, fragen und sehnen, soviel ich will. Und auch schreiben ohne Angst vor Fehlern. Bis ich dreißig bin.

Die sieben Nächte mit den Sünden waren sieben Nächte gegen die Zeit. Durch sie ist meine Prüfung für den Moment aufgeschoben. Ich habe gesehen, was es heißt, zu reifen. Bin durch viele Formen geschritten und habe Kinderfragen gestellt. Habe nach Sinn und Sagbarem gesucht und Umrisse in den Sand gezeichnet. Gegen die Leere. Damit etwas bleibt.

Im Rilke-Sinn leben vielleicht: »Sei allem Abschied voran, als wäre er hinter dir.« Um Abschied zu nehmen, muss man nicht immer zurückschauen. Der Blick nach vorn kann manchmal trauriger sein als der Blick über die Schulter. Noch stehe ich am Wegrand. Im letzten Schatten. Aber die Sonne steigt höher. Gleich wird mich ein erster Strahl treffen. Auf der anderen Straßenseite kann ich schon die Geister sehen, wie sie um meine Zukunft würfeln. Mit meinem Herzen spielen. Gleich wird alles entschieden sein. Der Sieger für immer feststehen.

Dann werde ich den ersten Schritt machen, auf die Straße gehen. Ich werde heraustreten aus der schützenden Nacht und mich hineinstellen in das gleißende Licht des Tages. Mich meinem Lebenslauf ausliefern. Den Geistern Genüge tun. Ihr werdet schon sehen.

Aber vorher lasst mich noch einmal in den Sand zeichnen. Eine Spur hinterlassen für alle, die noch erschütterbar sind. Für sie ist das hier geschrieben. Ein Text aus Angst. Aus Angst vor dem Übergang. Aber vor allem aus Hoffnung. Aus Hoffnung, dass doch noch was kommt. Ich warte darauf. Hier am Wegrand, im letzten Schatten. Gleich muss ich rüber. Gleich ist es zu spät.

VOR DEM ENDE

‡

‡

LIEBER S,
ICH GRATULIERE, DIE REIFEPRÜFUNG ist bestanden. Willkommen, du bist jetzt einer von uns. Inzwischen ist es Winter, er wird dich abhärten für das, was dich nun erwartet. Falls dich etwas erwartet. Denn, das ist doch die erste Lektion, es wird nicht viel sein: Heirat, Kinder, Festanstellung, und auch die warten nicht auf dich. Ab jetzt musst du alles selbst auf den Weg bringen. Und lass dir sagen, das Schlimmste daran ist, dass man sich selbst nicht überraschen kann. Überraschend kommt nur noch der Tod.

Verzeih, deine Geschichten haben mich aufgewühlt. Traurig bin ich, dass es vorbei ist. Wütend auch. Weil ich mir selbst so viel davon versprochen habe.

Ein junger Mann macht eine Reifeprüfung, um nicht erwachsen zu werden. Um seine Gefühle zu schützen vor zu viel Schutz. Von solch einem Wunsch hatte ich noch nie gehört. Und ehrlich gesagt, nie recht geglaubt, dass das geht. Dass man sich davor wirklich schützen kann.

In der Tat, so pflichtbewusst, wie du deine Aufgaben erledigt, meine Vorgaben erfüllt hast, bist du bestens gerüstet für die Festanstellung, für deine Rolle als Ehemann, Vater und Vorbild. Aber wütend und traurig bin ich nicht deinetwegen. Ich bin mir sicher, du bist am Ende doch froh, den dir in der Welt vorbestimmten Platz einnehmen zu können. Dazuzugehören. Vielleicht nicht zur Mitte, ein Stück daneben, vermutlich links (oder rechts?), als lauterer, kritischer Geist.

Denn welche Veränderungen hast du bewirkt, welche Spuren hinterlassen, welchen Eindruck gemacht, gegen wen hast du dich aufgelehnt, welche neue Epoche begründet? War die Besonderheit deines Blicks nicht nur eine Färbung des Lichts, Nachtblau das eine und Zornesrot das andere Mal. Kein schwerer Schlag, keine echte Bedrohung, kein Neuanfang war dabei, nichts, das mich verpflichtet hätte, mich loszusagen von allem, woran ich bisher geglaubt habe.

Vielleicht tue ich dir unrecht. Aber ich habe wirklich getan, was ich konnte. Ich habe dich fressen, dich aufsteigen und fallen lassen, es dir bequem gemacht, dich deiner Vergangenheit ausgesetzt und eine Zukunft von dir gefordert. Ich habe deine Gier geweckt, deine Sinne und Nerven gereizt, dich abgelenkt und umgeleitet, ich habe dich ferngesteuert und nach deiner Freiheit befragt. Ich habe dich müde gemacht, um deine Zensur zu überlisten. Ich habe dir keinen Schutz geboten, außer den der Nacht. Ich wollte dich in Gefahr bringen, vor allem in die, zu scheitern.

Aber ohne Erfolg, du trägst keine Verletzungen davon. Und ich habe wirklich geglaubt: Meine Prüfung wird anders sein als all die, die du zuvor gemeistert hast. Schwerer, unwägbarer. Ich habe mich getäuscht. Nicht in dir, sondern zuvorderst in mir.

Wenn ich morgens, nachdem ich mit dem Hund spazieren war, deine Nachtgeschichten las, war ich auf einmal ohne Kraft, unwillig, den Pflichten des Tages widerstandslos zu folgen. Aber ich war auch ratlos, weil ich nicht mehr wusste, was ich, wenn ich dir folgen würde, tun oder lassen sollte. Zu Eskapaden habe ich mich immer gern hinreißen lassen, dazu bedurfte es kaum einer Überredung. Sie haben mich die Frau gekostet. Und auch den Hund sehe ich jetzt nur noch am Wochenende.

Sei mir nicht böse, aber deinem Gefühl, von dem du glaubst, es sei dein Tor zurück ins Wunderland, ihm darfst du nicht trauen. Es ist launisch und schreckhaft, eine verzogene Göre. Wenn du ihr folgst, führt sie dich an der Nase herum, verbaut dir im entscheidenden Moment den Weg, und wenn du sie brauchst, wird sie dich im Stich lassen.

Um dich mach ich mir keine Sorgen. Dein Lebenslauf, vor dem du dich so fürchtest, er ist längst verfasst und hat hiermit einen neuen Eintrag.

Du wirst also in eine andere Stadt ziehen. Brauchst jetzt eine neue Wohnung. Wenn du willst, kann ich dir eine vermitteln. Frisch saniert, zentral gelegen, geräumig, hell und mit Balkon. Die Wände sind weiß. Sie wird dir gefallen.

Aber falls du wirklich gehofft hast, dich mit diesen sieben Nächten freizusprechen von allem Kommenden, von der Erwartung an dich selbst, dann hast du dich getäuscht. Denn die Uhr wird bei SIEBEN nicht stehenbleiben. »Später mehr« – die Ausrede wird dich verfolgen. Die Verantwortung, die kommt, kann dich nicht erlösen, erst recht nicht von der Sehnsucht danach, zurückzukehren in die grasgrüne Vorzeit, die immer jünger wird, während du verjährst.

Mit jedem Blick wird er heller leuchten, dieser Tag im Spätsommer, als wir uns zum ersten Mal trafen. Mir erscheint es schon jetzt wie eine ferne Zeit: Wie wir dort saßen und aßen. In dieser Hitze. Schweiß auf der Stirn und in den Kniekehlen. Wir kühlten die Zunge mit Burrata und Bresaola, Aperol Spritz und Bier. Aber vor allem sprachen wir. Und du, mit deinem offenen Hemd, dem aufgestellten Kragen, hast begonnen, von einer Treppe zu erzählen, die du suchst. Der Treppe zu einem Geheimclub, für alle die, die noch ans Geheimnis glauben.

Erst habe ich gelächelt, weil es guttat, sich am Übermut eines Unbedarften zu laben, vor allem in dieser sengenden Hitze, in der man kaum einen klaren Gedanken fassen konnte. Ich hätte dir endlos zuhören können. Wie mühelos du die Worte aus der Luft gegriffen und auf deinen Teller gestapelt hast, bis der Rand nicht mehr zu sehen war.

Am Ende versprach ich aus einer Laune heraus, dass ich dir die Steigbügel halten und die Peitsche schwingen würde. Deine Sehnsucht nach Geheimnis und Gegenwelt würde ich dir erfüllen können. Aber du müsstest im Gegenzug dich auslösen, mit einem Bericht. Sieben Nächte. Sieben Sünden. Sieben Utopien.

Wir schoben die Stühle zurück, und damit war es besiegelt. Ich zahlte die Rechnung.

Damals waren wir uns fremd, inzwischen kennen wir uns nicht nur beim Namen. Wir haben manches Geheimnis gelüftet. Was wir aneinander bewundern, ist keine Zauberei. Unsere Blicke sind eingeübt.

Ich komme dich bald besuchen in deinem neuen Leben. Dann können wir noch mal einen Abend lang so tun, als ob wir träumten. Von einem letzten Sommer. In Freiheit, ohne Vergangenes, ohne Zukünftiges.

In Wirklichkeit aber gibt es keinen Weg zurück dorthin, auch wenn die Wegbeschreibung irgendwo tief in deinen Texten verborgen ist. Manch anderer wird hoffentlich die Unternehmung wagen, die wir geplant hatten. Der Versuch lohnt in jedem Fall. Denn ganz sicher kann diese Welt neue Luftschiffer und echte Träumer gebrauchen.

Das Gute ist, dass wir uns jetzt, da du auf unsere Straßenseite gewechselt bist, häufiger sehen werden. Ein paar Gläser werden wir schon leeren – da bin ich mir sicher, und irgendwann beginnen, von den alten Zeiten zu erzählen.

Bis dahin, gute Nacht und viel Glück!

Dein
T

GLOSSAR

‡

☦

SUPERBIA – HOCHMUT
Das Hochhaus
7. September

GULA – VÖLLEREI
Das Fleischrestaurant
5. Oktober

ACEDIA – FAULHEIT
Die Wohnung
23. November

AVARITIA – HABGIER
Die Galopprennbahn
19. März

INVIDIA – NEID
Die Universitätsbibliothek
11. Mai

LUXURIA – WOLLUST
Der Maskenball
22. Juli

IRA – JÄHZORN
Die Autofahrt
6. November